Monika Reuter

Ihr da drüben

Briefe in die DDR
Eine Chronik des Einlebens

BASTEI LÜBBE

BASTEI-LÜBBE-TASCHENBUCH
Band 61 095

1. Auflage 1986
2. Auflage 1988
3. Auflage 1990

Originalausgabe

Printed in West Germany
Einbandgestaltung: K. K. K.
Titelbild: Ullstein
Satz: ICS Communikations-Service, Bergisch Gladbach GmbH
Gesamtherstellung: Ebner Ulm
ISBN 3-404-61095-4

Warum wir Briefe schreiben

Weil es da zwei oder drei gibt, die wir noch immer lieben. Weil wir uns mit der Trennung nicht abfinden können. Weil wir die unsinnige Hoffnung pflegen, alles, was man einander gesagt hat, jetzt schreiben zu wollen. Weil wir das Wort Abschied nicht gelten lassen. Weil wir die Entfernung als Chance sehen müssen, Nähe neu aufzubauen.

Weil wir nicht wissen, ob wir den anderen wirklich noch einmal wiedersehen.

Das läßt uns freier schreiben. Fast so wie ein Tagebuch. Nur schöner, denn wir wissen, das wird einer lesen.

Und wir denken über uns nach und über ihn und überlegen, was er denken könnte. Aber vielleicht denkt er auch was ganz anderes. Und allmählich zerrinnt er uns zum Traumbild.

Vielleicht stehen wir eines Tages als Fremde voreinander, sprachlos, traurig. Dagegen schreiben wir an. Schreiben, was wir nie aussprechen würden.

Weil man neue Freunde nur langsam findet, weil Vertrauen nur zögernd wächst, weil wir manchmal frieren und Angst bekommen vor der eigenen Courage. Weil wir unseren Kummer und unsere Enttäuschungen einem mitteilen müssen, teilen müssen. Der andere wird schon verstehen. Ihm schreiben wir wie einem zurückgelassenen Teil von uns, offen bis zur Entblößung. Es ist wichtig, daß es ihn gibt, unsere Seele könnte sonst verkümmern.

Aber wir schreiben auch, weil wir übermütig sind, ausgelassen und boshaft. Weil wir uns beweisen müssen, wie toll wir sind, was wir alles erleben, wie gut es uns geht.
Am liebsten schreiben wir dann Ansichtskarten mit blauem Himmel und weißen Bergen oder dem Eiffelturm, der Freiheitsstatue, einem Hawaii-Mädchen vorn drauf.
Weil wir sonst nicht glauben können, daß wir wirklich dagewesen sind. Weil es die anderen neidisch macht. Weil wir unsere Entdeckungen, Erfahrungen und Erkenntnisse weitersagen wollen. Weil wir laut lachend triumphieren, wenn wir ihre Briefe kriegen, in denen steht, daß sie in ihrem Garten jetzt Radieschen säen oder wieder an der elektrischen Eisenbahn basteln. Weil wir das alles hinter uns gelassen haben. Weil wir jetzt ihre Träume leben.
Und wir verschweigen, daß Träume, wenn sie Realität werden, nur noch halb soviel Spaß machen. Das schreiben wir den anderen, den Auserwählten.
Für die Schrebergärtner und elektrischen Eisenbahner leben wir in paradiesischer Freude und Herrlichkeit. Ihnen schicken wir Pakete, Prospekte und den Versandhauskatalog.
Manchmal wissen wir nicht, welche Briefe wichtiger sind.

10. 4. 1986

Liebe Susanne,
Du bist die erste, der ich von hier schreibe. Nach einer Woche der Unwirklichkeit eines Traums. Angefangen beim Abschied auf dem Bahnhof, der sich von tausend vorangegangenen durch seine Endgültigkeit unterschied. Gemildert nur durch das Wissen, daß Ihr – hoffentlich bald – folgen werdet.
Dabei bemühten sich alle, so zu tun, als handle es sich um einen ganz normalen Vorgang mit Händeschütteln, Schulterklopfen, Ansichdrücken. Aber das Zuschnappen der Türen war wie das Klappen eines Sargdeckels. Aus. Vorbei. Dabei hatten wir so auf diesen Tag gewartet. Aber wenn Träume Realität werden, machen sie nur noch halb soviel Spaß.
Die halbe Minute, bis der Zug sich in Bewegung setzte, dauerte viel zu lange.
Die Gesichter erstarrten in Verkrampfung. Gesagt war auch alles, so daß nur noch Plattheiten blieben: »Also, bis bald auf der anderen Seite!« Nur Ihr wart noch Ansprechpartner. Die anderen blieben auf dem Bahnsteig zurück.
Uns gegenüber im Abteil ein Ehepaar Mitte 40 mit gleichem Ziel. »Es ist schon alles richtig so«, sinnierte der Mann vor sich hin, während sich seine Frau unentwegt die Nase putzte. Eigentlich hatte ich mir unseren Auszug aus der DDR viel heroischer vorge-

stellt. Mehr symphonisch untermalt, Beethovens 5. zum Beispiel.
Kurz vor der Grenze setzte dann wieder die Ungläubigkeit ein. Ende der Binnenstrecke: »Weiterfahrt nur mit gültigem Transitvisum möglich«, sagt die Stimme aus dem Lautsprecher. Und wir bleiben sitzen. Dem Ehepaar gegenüber, zwei Bauingenieuren, wie wir inzwischen wissen, reichen Verwandte schnell noch einen Blumentopf durchs Fenster. Gelegenheit zu unpassenden Geschenken gibt es überall. Was soll einer, der drei Koffer mit dem Nötigsten für die nächsten Wochen schleppt, mit Grünpflanzen zur Erinnerung?
Aber der Film geht weiter: ein Grenzer, der unter die Sitze schaut, eine Zollbeamtin, die uns auffordert, das letzte Bargeld in der Mitropa umzusetzen oder dem Roten Kreuz zu geben. Kein DDR-Pfennig darf mit in den Westen. Schließlich die Frage, warum wir den Inhalt unserer Koffer nicht aufgelistet haben, und zwar vierfach. Das erinnert schon wieder an Gehabtes und macht den Abschied real.
Dann kommt einer, der uns bloß angrinst und »Grüß Gott« sagt, und wir wissen plötzlich: Jetzt sind wir drüben.
Aber die Landschaft vor dem Fenster ist immer noch die gleiche. Dabei wollen wir doch den Unterschied sehen. Die ersten Häuser tauchen auf, die Fassaden sind heller, gepflegter als zu Hause, die Autos sind schnittiger und schneller und die Straßen in Ordnung. Die Reisenden aus der DDR weisen sich gegenseitig darauf hin.
Auf dem Bahnhof in Frankfurt, der von der Architektur her wie der in Leipzig aussieht, kostet es dann

aber Anstrengung, nicht mit offenem Mund umherzulaufen. Eine Viertelstunde Zeit zwischen zwei Zügen reicht, und du begreifst: Hier ist alles wie Intershop. Es riecht anders, leuchtet anders, lebt anders. Zehn Sekunden in einem Buchgeschäft, und ich frage mich, warum wir 800 Bücher von zu Hause auf den Möbeltransport schicken. Blumengeschäfte mit Narzissen und Tulpen, Souvenirläden mit echtem Goldschmuck, Kinos rund um die Uhr. Vor einem Gemüsegeschäft bleiben wir stehen und schauen ungläubig auf das Angebot. Weintrauben im März! Wieso das keine Plastik-Imitation ist, übersteigt unser Vorstellungsvermögen.
Aber abends um zehn in Gießen regnet es, und wir stehen vor dem Bahnhof und haben keine Ahnung, wohin. Mit keinem Pfennig Geld in der Tasche in einer unbekannten Stadt, sieben Koffern und zwei verstörten Kindern. Neben uns ein Dutzend ähnlicher Familien, die man am ehesten an ihrem unsicheren Auftreten und den neuen Koffern erkennt.
Plötzlich kommen ein paar junge Leute, fragen, wer zum Aufnahmelager will, sie würden alle dahin fahren, Familien mit kleinen Kindern zuerst. Das hat was von einer Evakuierung.
Das Aufnahmelager ist ein Häuserkomplex mit Gebäuden, die »Sachsen«, »Thüringen« und »Mecklenburg« heißen, und noch am Abend kriegen wir heißen Tee und einen Verpflegungsbeutel mit Konserven und Apfelsinen. Ein erstes Stück Geborgenheit, aber auch eine erste Ahnung von dem Ausmaß der Entwurzelung, mit der man jetzt zurechtkommen muß. Wir stehen außerhalb, sind nicht mehr in der DDR und noch nicht im bundesdeutschen Alltag.

Schweben in luftleerem Raum. Gelöst von Ballast, aber eine Landestelle ist noch nicht in Sicht.
Die Leute, auf die Du, wenn es bei Euch soweit ist, in Gießen treffen wirst, sind nicht nur die besten. Es scheint, als habe die DDR mit dieser Flut von Aussiedlern auch alle die auf die Reise geschickt, die sie los sein wollte. Einige brauchst Du bloß anzuschauen, um zu wissen, die werden auch hier im Abseits landen. Leute, die darauf warten, daß sie alles gemacht kriegen, um sich dann darüber zu beschweren.
Als erste Bekannte treffen wir in Gießen eine Familie, die wir seit sieben Jahren aus unserem wöchentlichen Saunakreis kennen. Jeden Dienstag haben wir uns inmitten von 20 nackten Männlein und Weiblein in heißem Dampf und kaltem Wasser gegenüber gesessen und über Theater, Bücher und Kinder geredet, aber keiner hat vom andern gewußt, daß er einen Ausreiseantrag laufen hatte. »Wieso denn ihr? Das hätte ich zu allerletzt vermutet«, ist die gegenseitige Begrüßung.
Die Abwicklung der Formalitäten geht in Gießen überraschend schnell. Aber wer nach Stuttgart will, muß zuerst nach Rastatt. Dort ist das Aufnahmelager von Württemberg; nur von dort wird weitervermittelt. In Rastatt, einem dörflichen Städtchen an der französischen Grenze, wird uns gesagt, daß in Stuttgart alles besetzt sei. Ein Vierbettzimmer gibt es nur noch in kleinen Städten.
Zur Verwandschaft will ich trotzdem nicht. Bei aller Liebe, aber zu viert, und keiner weiß, wie lange . . . Verwandschaft ist nur etwas zum Besuchen. Gegenseitige Zuneigung schwindet, wenn man einander überstrapaziert.

Der größtmögliche Ort war U., und so sind wir mehr zufällig hier gelandet. In einem Zimmer von 4 mal 4 Metern, mit zwei Doppelstockbetten, einem Tisch, vier Stühlen, zwei Schränken. Bad und Küche immer für zwei Familien.
Angesichts unseres Vermögens von noch knapp 300 Mark ist der Busfahrpreis von 1,80 DM pro Person entmutigend. Auch sonst hängt der Himmel nicht grad voller Geigen. Denn mit Arbeit ist es schwieriger als vermutet. Besonders für Hartmut. Er tippt abends, wenn die Kinder schlafen sollen, Bewerbungsschreiben. Ich setze mehr auf persönliche Kontakte und werde in den nächsten Tagen die örtlichen Zeitungen besuchen.
Das Ein-Zimmer-Klima beflügelt nicht gerade. Aber wenn man so weit unten anfängt, kann es nur bergauf gehen. Wenn erst einer von uns Arbeit gefunden hat und wir das Wohnheim verlassen können, sieht die Welt, die wir immer noch wie durch ein Schaufenster anschauen, ganz anders aus.
Ohne Geld geht hier nichts, und auch Bewerbungen kosten. Jeder Brief 80 Pfennig Porto! Aber das machen ja alle durch, und irgendwie haben es alle gepackt. Warum sollte es bei uns anders sein? Deine Verwandten habe ich angerufen und die entsprechenden Grüße bestellt. Meldet Euch gleich, wenn Ihr hier ankommt! Wir warten.

Liebe Martina,
ich hoffe, Du bist inzwischen von Deinem Siebenschläferschlaf wieder erwacht, und die Therapie hat ein bißchen was von dem bewirkt, was Du wolltest. Ein phlegmatischer, dickfelliger Mensch wird sicher nicht aus Dir geworden sein. Aber vielleicht siehst Du manchen Ereignissen des Lebens jetzt gelassener entgegen. Zumindest denen, die man sowieso nicht ändern kann.
Dieter hat es leider nicht geschafft, uns während Deines Klinikaufenthalts zu schreiben. Ich hoffe, das heißt nicht, Ihr wollt keinen Kontakt mehr zu uns. Für diesen Fall hole ich jetzt etwas weiter aus, daß Ihr wenigstens noch einen umfassenden Bericht unseres Westlebens bekommt.
Aus der Erfahrung nunmehr eines Vierteljahres würde ich mir sehr genau überlegen, wem ich empfehlen könnte, auch in diesen Teil Deutschlands zu ziehen, und wem ich raten würde, besser in der DDR zu bleiben. Das meiste ist ganz anders, als wir es uns vorgestellt haben. Vieles ist besser als erwartet, vieles echt beschissen. Es ist ungefähr so, als wenn man einem jungen Mädchen, das zum ersten Mal verliebt ist, erklären wollte, wie eine Ehe funktioniert. Das sind Zustände und Lebensformen, die kann man nicht vorwegnehmen, auch nicht vorwegahnen.

Was ich deutlich spüre, ist, daß man sich hier schnell verändert. Sich der Umwelt anpaßt, sich mit negativen Dingen arrangiert und an positiven wächst. Ich glaube, diese Veränderung kann so weit gehen, daß man nach einiger Zeit Verständigungsschwierigkeiten mit den zurückgelassenen Freunden haben wird. Nicht nur die unterschiedlichen Gesichtsfelder und Probleme trennen, auch nicht so sehr die räumliche Entfernung. Eher ein verändertes Lebensgefühl, veränderte Maßstäbe und Einordnungen. Und auch manche Erkenntnis, die das Leben in der DDR jetzt, aus dem Abstand, neu und anders werten läßt. Ich fürchte, das wächst sich zu einem tiefen Graben aus, über den man irgendwann nicht mehr springen kann, selbst wenn man es gerne möchte. Wir merken das auch, wenn wir mit Verwandten telefonieren, wieviel belastendes Mißverständnis, wieviel hilfloses Aneinandervorbeireden da passiert. Damit muß man sich abfinden: Für die DDR sind wir unbrauchbar geworden. Das geht auch gar nicht anders. Mit der DDR-Mentalität kann man hier nicht leben.
Gerade unsere ersten Wochen waren von so viel Auf und Ab, von so viel Hoffnung und Enttäuschung, Begeisterung und Resignation bestimmt, daß das an die Substanz geht. Dabei hatten wir einen um vieles leichteren Start als andere. Ich hatte nach vier Wochen Arbeit in meinem Beruf mit einem Gehalt, das viermal so hoch ist wie das in der DDR. Wir haben ganz schnell eine Wohnung, Auto, Telefon gehabt, dazu Leute getroffen, die uns aus ihren Beständen das Notwendigste an Geschirr, Wäsche, Möbeln usw. einfach geborgt haben. Wir haben

keine finanzielle Not erleiden müssen, uns auch nie verlassen gefühlt. Da war immer jemand, der geholfen hat.

Aber wir haben auch die ganze Mühsal der Arbeitslosigkeit ausgekostet. Hartmut hat sich bei ca. 50 Stellen beworben. Immer erfolglos. »Sie sind zu hoch qualifiziert, Sie kommen aus einem anderen Wirtschaftssystem, wir brauchen einen mehr praktisch orientierten Mitarbeiter ... Wir danken für das mit Ihrer Bewerbung in unsere Firma gesetzte Vertrauen und wünschen Ihnen für Ihren weiteren Lebensweg viel Erfolg.« Solche Briefe haben wir dutzendweise erhalten. Hoffnung im ständigen Wechsel mit Frustration. Da bleibt nur eins, entweder man sagt »Scheiß-Kapitalismus« und will zurück, weil mit diesen 50 Briefen »Recht auf Arbeit« und »soziale Sicherheit« plötzlich einen anderen Klang bekommen, oder man findet sich mit den Tatsachen ab und probiert was anderes.

Hartmut hat sich also bei Consulting-Firmen umgeschaut. Das sind Betriebe, die im Ausland bauen. Der aktuelle Stand ist jetzt: Er kann zwischen zwei Angeboten wählen. Entweder ein ruhiger Job zum Anlernen, eine Bauüberwachung in Tansania, oder Chefingenieur eines 1,2 Milliarden-Projekts. Allerdings, und da liegt der Haken, im Irak. Und genau an der Stelle, wo sich die Leute dort und die aus dem Iran gegenseitig die Köpfe einschlagen. Das hat hier natürlich keiner nötig, in solch heiße Gegenden zu gehen. Deswegen wird er von der Firma regelrecht umbuhlt, mit hohem Gehalt und noch höherer Lebensversicherung gelockt. (Unter der Überschrift: Wenn es schiefgeht, kann ich mir von seinen Knochen einen Mercedes und einen Porsche dazu kaufen.) Das ist für uns

alles sehr neu. Vor solchen Dimensionen halten wir noch den Atem an.
Zehn Jahre lang haben wir uns in der DDR bemüht, im Ausland zu arbeiten. Da hat man das als Spleen und Unsinn abgetan. Hier geht es nach nicht mal drei Monaten. Aber eben mehr unter dem Druck der Erwerbslage. Auslandsarbeit, das hat hier keinerlei Geruch von Außergewöhnlichem. Daß man dabei sehr viel Geld verdienen kann und es sich günstig versteuern läßt, sind so ziemlich die einzigen Anreize, die die Leute hierzu bewegen.
Für uns ist es immer noch unfaßbar, daß jetzt die ganze Welt offen vor uns liegt und wir reisen können, soweit das Geld reicht.
Bisher hat es noch nicht weiter als bis Österreich gereicht. Aber schon das war ein Erlebnis! Nicht nur die Alpen und Salzburg, wo der arme Mozart dir als Mozarttaler, Mozartkugel, Mozartlikör, als hölzerner Hampelmann, Denkmal und Gummitrachtenpuppe entgegengrinst. Nein, vor allem das Grenzerlebnis. Der Zöllner räkelt sich nur faul in der Sonne und winkt das Auto mit dem deutschen Nummernschild einfach durch. Den Paß hat er nur durch die Fensterscheibe gesehen. Aufklappen war nicht nötig. Ebensogut hättest Du die Fahrerlaubnis oder die Straßenbahnkarte hochhalten können. Das ist wie ein warmes Bad, denn die Erinnerung an die andere Grenze ist noch frisch: Stacheldraht, Scheinwerfer leuchten jeden Winkel aus, Posten mit Hunden und Gewehr im Anschlag. An den Anblick der Berliner Mauer haben wir uns ja inzwischen gewöhnt. Aber die deutsch-deutsche Grenze hat was von einem Horrorfilm.

Salzburg ist eine wunderschöne Stadt. So richtig wie Österreich auf Postkarten aussieht: Häuser mit Blumen vor jedem Fenster, strahlend blauer Himmel, im Hintergrund die schneebedeckten Alpen.
Ich habe noch niemandem eine Postkarte geschickt und werde das auch nicht tun, denn mir ist eine Erzählung von Helga Schubert gegenwärtig, die eben diese hübschen bunten Ansichtskarten zum Anlaß nimmt, um über die Ausreis(s)er in der doppelten Wortbedeutung nachzudenken. Von überallher kommen Karten mit nichtssagendem Text, aber wie das Leben der Leute dann jenseits der Elbe tatsächlich weitergeht, darüber schweigen sie sich aus.
Sicher ist Briefeschreiben ein nicht sehr viel weniger sinnloses Unterfangen wie die Karten, aber momentan tue ich es eben noch. Vielleicht auch aus Sentimentalität. Denn nach all den Dingen, zu denen man nicht darf, wächst eine Sehnsucht. Und wir dürfen jetzt überallhin, bloß nicht in die DDR. Unser Antrag auf Besuchserlaubnis wurde mit der lapidaren Begründung abgelehnt, es müsse erst eine angemessene Zeit vergehen, ehe den Ausgewanderten ein Visum erteilt wird. Wie lange dauert angemessen?
In Salzburg gibt es auch einen riesigen Souvenirladen, da kann man alles kaufen, was man in der DDR nur mit Beziehungen und Aufpreis, meistens aber gar nicht kriegt, obwohl es da hergestellt wird: grimmig dreinschauende Nußknacker aller Größen und Sorten, herzige Blumenmädchen, buntbemalte Spieldosen, erzgebirgisches Weihnachtsspielzeug und Lausitzer Folklorefiguren, wie du dir sie schöner nicht denken kannst. Und ein jedes hat das mit deut-

scher Gründlichkeit aufgeklebte kleine grüne Schildchen unter dem Fuß: Made in GDR.

Ich will nicht sagen, daß man in der DDR um sein Leben betrogen wird, aber wie bunt, wie vielfältig, wie gefährlich, wie hart und wie herrlich Leben sein kann, das bekommt man nur sehr gedämpft zu spüren. Man kann sich verlieben, man kann sich scheiden lassen, Kinder kriegen, ein Haus bauen, auf ein Auto sparen. Damit sind die Freuden und Wechselfälle des Daseins aber doch nicht ausgeschöpft. Natürlich bekommt ein Auto, auf das man jahrelang gespart hat, für das man sich zehn Jahre vorher anmelden mußte, eine andere Bedeutung, als wenn der Verkäufer es dir regelrecht aufschwatzt, er Teilzahlungen, Probefahrten und sonstwas bietet, nur damit du es bei ihm und nicht bei der Konkurrenz kaufst. So gesehen bringt man sich um einige Freuden.

Der ewige Kampf mit der ewig miesen Versorgungslage, der Triumph, wenn man endlich einen gesuchten Artikel oder auch nur den passenden Schuh zur dunkelblauen Handtasche aufgetrieben hat, das kann hier kein Mensch begreifen. Und in diesen Wohlstandshabitus wächst oder schliddert man verdammt schnell rein. Vor einem Vierteljahr war für mich unser Konsum mit Sandmöhren, Sellerie, Weiß- und Rotkohl als einzigem Angebot das Normale. Heute gehe ich an Weintrauben und Erdbeeren vorbei und mekkere: »Was, nur holländische Tomaten, haben Sie denn keine spanischen?« Eigentlich sollte man sich dafür schämen. Aber es gibt Situationen, da wird einem so was schon gar nicht mehr bewußt. Es geht den Leuten hier besser als in der DDR, auch den

meisten Armen. Aber eines sitzt im Nacken: die Existenzangst. Sofern du nicht gerade Unternehmer oder Millionär bist, du also deinen Arbeitsplatz jederzeit verlieren kannst, so lange spazierst du am Abgrund. Auf der einen Seite der Wohlstandsberg, auf der anderen Seite ein großes schwarzes Loch. Wehe dem, der da reinfällt. Arbeitslosigkeit ist bei den meisten keine Frage von Dummheit oder Faulheit. Es gibt Berufsgruppen, die sind zur Zeit auf dem Markt nicht gefragt. Hartmut als Tiefbauingenieur ist ein solcher Fall. Desgleichen Lehrer. Mehr als die Häfte von denen, die jetzt Pädagogik studieren, werden keinen Arbeitsplatz bekommen. Bleibt nur Umschulung oder Warten auf die Konjunktur, von der zwar jeder redet, an die aber kaum einer glaubt.
Wie du dein Leben führst, ob als Karrierist, Hausfrau oder Landstreicher, interessiert hier keinen. Zum Bild jeder größeren Stadt gehören auch jene, die am Straßenrand sitzen oder gegen eine Mauer gelehnt mit einem Zettel vor der Brust: »Ich habe keine Wohnung und keine Arbeit, aber Hunger.« Dazu einen Hut, in den manche ein paar Groschen werfen. Aber nur wenige. Die meisten sagen: »Das sind doch nur Säufer oder Scharlatane, die einem was vormachen.« Da ist was dran. Denn man kann Sozialhilfe beantragen, Zuschüsse gewährt bekommen, so daß Betteln nicht sein müßte. Bloß ich vermute, daß jene, die da stehen, aus Familien kommen, wo ihnen keiner den Umgang mit Behörden beigebracht hat, die sich, ehe sie seitenlange Formulare ausfüllen, lieber an die Straße stellen. Andererseits gibt es Wohlfahrtsverbände und Vereine, die Leistungen bringen, von denen man in der DDR nicht mal träumt.

Ich war vor ein paar Tagen in einem Heim mit Schule und Kindergarten und einer Werkstatt für Behinderte. So was hab ich noch nie gesehen. Die Großzügigkeit des Baus, ein Turnraum mit grün ausgelegtem Samtboden, eine Schwimmhalle und helle, nur wohnzimmergroße Arbeitsräume. Dazu die vielen Menschen, die dich freundlich und neugierig anlächeln, verkrümmte Körper, mongoloide Gesichter, Männeraugen in kindlich gebliebenen Zügen, denen du ansiehst, daß sie dich jetzt in Gedanken ausziehen, gestörte Motorik, einfältige Bemerkungen – und irgendwann fängst du an, dich zu genieren, weil du gerade gewachsen und mit einem gesunden Verstand auf die Welt gekommen bist. Aber diese Leute werden nicht nur betreut, die haben auch eine Aufgabe. Die Frauen nähen Wollhemdchen, die Männer drechseln Spielzeug. Das wird dann mit einem Aufschlag verkauft. Da dieser Gewinn natürlich nicht reicht, die Unternehmung zu halten, trägt der Staat erhebliche Anteile.

Die größte Veränderung spüren wir an unseren Kindern. Stephan blüht regelrecht auf. In der Schule wird hier methodisch anders gearbeitet. Es wird weniger gelernt als in der DDR. Aber das Wissen ist verfügbar und sehr auf Praxis orientiert. Auch der kindlichen Seele angemessener. Ein Aufsatzthema in der dritten Klasse hieß: »Stellt euch vor, ihr eßt im Wald Beeren von einem euch unbekannten Strauch. Das sind Zauberbeeren, und ihr werdet davon entweder groß wie ein Riese oder klein wie eine Ameise. Wie geht euer Leben jetzt weiter?« – Stephans letzter Aufsatz in Dresden behandelte die guten Taten junger Pioniere. Du kannst Dir vorstellen, was ihm mehr Spaß gemacht hat!

Zur Zeit genieße ich es, die ganzen Philosophen und Schriftsteller zu lesen, die in der DDR verpönt und folglich nicht zu haben waren: Grass, Freud, Steiner. Abgesehen von Verlagsrechten, ist mir das unbegreiflich. Mit einem Buch ist noch nie eine Revolution ausgelöst worden. Trotzdem wird einem ganzen Volk nur *eine* Philosophie als die alleinseligmachende vorgesetzt. Und alles andere, was links und rechts davon gedacht und geschrieben wurde, ignoriert. Erst in der Auseinandersetzung mit Ideen, auch solchen, die man ablehnt, wird man zu den eigenen finden. Marx war ein genialer Kopf und hält vielen Vergleichen stand. Aber indem man ihn zur alleinigen Gottheit erklärt, produziert man nicht nur geistige Einseitigkeit und Verarmung, sondern auch doppelte Neugier nach den andern. Die Absicht verkehrt sich so in ihr Gegenteil. Nicht alles, was ich hier gelesen habe, finde ich gut. Aber ich möchte es wenigstens kennen, um aus eigener Überzeugung mitreden zu können. Nicht nur wiederkäuen, was andere für mich gedacht haben.
In Dresden haben wir wie unter einer Käseglocke gelebt. Abgeschirmt, im eigenen Saft kochend und darüber reflektierend, was wir gelernt und gehört hatten. Natürlich kann man auch im Treibhaus gedeihen, manchmal sogar besser als in der rauhen Außenwelt mit Wind und Wetter und Frost. Aber irgendwann wird man das Treibhaus für die ganze Welt halten und sie aus dieser Perspektive interpretieren. Väterchen Staat sorgt für alles und alle, auch für seine ungezogenen Kinder. Trotzdem laufen sie ihm in Scharen davon. Hier habe ich genauso viele über den Staat Bundesrepublik und diesen oder jenen

Politiker meckern hören. Aber keiner kommt auf die Idee, in die DDR auszureisen. Auch nicht die Arbeitslosen, nicht die Kommunisten, und auch keiner von den Bettlern.

Ich glaube, in der DDR wird zuviel Für- und Vorsorge getrieben. Der Glücksanspruch des einzelnen bleibt dabei auf der Strecke. Mit materieller Sicherheit, mit Arbeitsplatz und Lehrstelle für jeden, mit preiswerten Wohnungen, Straßenbahn und Brot für Pfennige allein ist der Mensch kaum zufriedenzustellen. Er braucht auch Verrücktheiten, Sensationen, Genickschläge, Flitterglanz, Wunder, wankenden Boden, Abenteuer, Angstgefühl, Triumph, um sich dran müde zu jagen. Sicher ist vieles davon Lebenslüge. Der eine durchschaut sie zynisch, der andere versinkt mit wohligem Lächeln darin. Aber jeder, wirklich jeder findet hier irgendwas, woran er sich festhalten kann. Mag das nun ein Bankkonto oder eine Drehleiter, eine Weltreise oder Mode nach dem letzten Schrei sein. Das administrierte Glück für alle dagegen hat nicht nur einen faden Beigeschmack, sondern produziert auch apathische Unzufriedenheit.

Natürlich werden sich immer aktive Naturen finden, die sich ihren Weg suchen, ihr Ich auch im Sozialismus ausleben. Bis zu einem gewissen Grade lassen sich manche Beschränkungen mißachten oder umgehen. Aber Individualität entsteht auf diesem Boden des Massenglücks nur spärlich. In dieser allumfassenden Weise, wie der Staat die Biographie des einzelnen vorprogrammiert – Krippe, Kindergarten, Schule, Lehre/Studium, Arbeit, Rente, Tod –, liegt so viel Einengung und Uniformierung, so viel Passivität und Umsicht, daß es normal wird, den Lebensweg

entlangzutrotten, statt auch mal zu hüpfen, zu rennen oder auch zu stolpern.
Es liegt in der Natur des Menschen, die Dinge, für die er sich gerade entschieden hat, in einem vorteilhafteren Licht zu sehen, als sie es vielleicht verdienen. Ein Kleid, das man grad gekauft hat, findet man eben toll, auch wenn es nach einer Weile knittert. Aber noch haben die West-Knitter für mich kaum Bedeutung.
In DDR-Terminologie würde man unseren derzeitigen Zustand folgendermaßen beschreiben:
Übergesiedeltes Ehepaar mit Kindern findet keine passende Arbeitsmöglichkeit in der kapitalistischen Krisenwirtschaft. Ein in der DDR hochqualifizierter Kader verkauft sich an ein Consulting-Unternehmen, um den Lebensunterhalt zu sichern. Aus sozialistischer Obhut entlassen, muß die Familie jetzt getrennt leben. Die Frau, bisher Kulturredakteur in der Kunstmetropole Dresden, konnte nur in der Provinz unterkommen. Die Kinder bleiben sich selbst überlassen bzw. werden von einer hoch zu bezahlenden Frau beaufsichtigt. – Auch das ist alles richtig und nur eine Frage von Lesart und Perspektive.
Wenn ich allerdings versuchen würde, unsere Erfahrungen und Erlebnisse auf Deine Familie zu transponieren, hätte ich dabei kein gutes Gefühl. Man braucht schon ein dickes Fell, viel Selbstvertrauen und eine robuste Seele, will man sich den Umständen, die einen Deutschen von der anderen Seite hier erwarten, ohne viel Federn zu lassen, stellen. Du bist ein Mensch, der ohnehin zu gut für diese Welt ist, der an den Schlechtigkeiten, Ungerechtigkeiten und der eigenen Unzulänglichkeit und Ohnmacht leidet. Schwer zu sagen, ob Du da hier vom Regen in die

Traufe kämst oder ob Dich ein Engel auf die Sonnenseite tragen würde.
Natürlich kommt man ohne spitze Ellbogen auch in der DDR nur mühsam voran. Aber es ist ein Unterschied, ob man in einen Zustand hineingeboren wurde und darin aufwächst, oder ob man in fremde Bedingungen eindringt. Das hat auch etwas von einem Lotteriespiel. Das merkt man am ehesten in den Übergangswohnheimen, wo, wer nicht bei Verwandten unterkommt, die ersten Wochen zubringt. Manche finden schnell eine Arbeitsstelle, manche sitzen Wochen, manche Monate. Das ist zermürbender als das Warten auf Ausreisegenehmigung. Denn man wohnt in Drei- und Vierbettzimmern und unter dem Druck, daß Arbeitslosengeld nur ein Jahr gezahlt wird; danach gibt es nur noch Sozialhilfe, aber davon kann man nicht leben, jedenfalls nicht starten. Man steht unter Erfolgszwang, lebt isoliert unter seinesgleichen und hat den Eindruck, das Leben geht draußen vorbei. Man drückt sich die Nase an Schaufenstern platt, bestaunt all die Herrlichkeiten und Verlockungen und rechnet mit jeder Mark. Wer da zu lange steckenbleibt, ist übel dran.
Die Wirtschafts- und Sozialstruktur richtet sich gegen jene, die wenig haben. Busfahrten zu 1,80 Mark gehen ins Geld. Mit eigenem Auto fährst du preiswerter. Aber selbst für ein altes mußt du ein paar Hunderter hinlegen. Wenn du die nicht hast, bezahlst du eben den Bustarif, anstatt zu sparen, oder du läufst. Der Beginn ohne ein Grundkapital von ein paar tausend Mark ist schwer. Ein zinsgünstiger Kredit für DDR-Aussiedler bietet zwar Erleichterung. Aber du brauchst ja auch Betten, Matratzen, Zudecken, Bett-

wäsche, einen Tisch und Stühle, denn du kannst nicht vom Boden essen und aus der hohlen Hand auch nicht, also Geschirr, Besteck . . . Da sind schnell 5000 DM weg. Gut, diese Phase haben wir hinter uns gebracht, und da uns überraschend viele geholfen haben, auch ohne große Anstrengungen. Hart waren nur die ersten Tage. Wenn das Empfangsgeld zur Neige geht und ungewiß ist, wann das erste Arbeitslosengeld eintrifft, du also nicht weißt, wie lange du noch was zu essen kaufen kannst.
Und dann macht man gerade in der ersten Zeit viele Fehler. Bis man begriffen hat, daß es im Supermarkt die meisten Sachen viel billiger als im Fachgeschäft gibt, hat man schon etliche Scheine ausgegeben.
Inzwischen ist Einkaufen mein Wochenendvergnügen geworden. Sicher ist das nur schwer vorstellbar. Ist Einkaufen in Dreden doch ein mühseliger Vorgang mit langen Wartezeiten, einer Schlange nicht nur beim Fleischer und Bäcker. Dann ein lustloses Auswählen zwischen diesem fetten oder jenem grauen Fleischstück oder der Gang zum nächsten Geschäft, in der Hoffnung, es könnte dort vielleicht noch etwas anderes geben . . . Damit verglichen, haftet dem westlichen Supermarkt der Geruch des Paradieses an. Eines Paradieses, von dem du dir Stückchen und Bröckchen mit nach Hause nehmen kannst. Die Tücke indes liegt in der Fülle. Ich habe es noch nie geschafft, nur das zu kaufen, was ich wirklich brauchte. Sondern da nimmt man noch jene Creme und dieses Wässerchen mit, diese Kekse und jene Schokolade und alles mögliche, was da duftet, leuchtet, hübsch verpackt ist oder sich selbst in Superlativen lobt. Oder weil es heute gerade ein Sonderange-

bot gibt: Marmelade 1 Mark billiger. Also kaufe ich Marmelade, auch wenn ich noch zwei Gläser zu Hause hab. Denn ich will sparen. Das hat schon was Paradoxes.
Wir schwelgen in Früchten, probieren Zeug aus, das wir noch nie gesehen haben. Kiwi sieht aus wie eine Kartoffel und schmeckt wie Stachelbeeren; Nektarinen sind eine Kreuzung von Pfirsich und Pflaume; Honigmelonen schmecken wie Zucker, obwohl sie die Farbe einer Zitrone haben. Die »Einheimischen« können über unsere kindliche Entdeckerfreude nur lächeln. Für sie ist das alles normal.
Manchmal habe ich Angst, ich könnte das nur träumen und wache dann irgendwo zwischen unserem alten Konsum und meinem Dresdner Redaktionszimmer wieder auf, lebe mein altes Leben weiter, gleichmäßig und geruhsam bis zur Rente. Aber ich glaube, diese Haut ist mir schon zu eng geworden.
Früher habe ich die meisten Westler, die zu uns auf Besuch kamen, als arrogant und anmaßend empfunden. Heute sehe ich das anders. Du lebst hier mit einem anderen Anspruch, materiell, intellektuell, sozial. Man geht gelöster, unbefangener mit dem anderen um. Auch wenn Trennlinien durch die verschiedenen sozialen Schichten und politischen Haltungen laufen: Es bleibt immer noch Platz für ein Stück Souveränität. Jedenfalls nach meinen bisherigen Erfahrungen. Vielleicht kommen später noch andere. Eigentlich warte ich sogar darauf.
Vielleicht werde ich eines Tages für Euch auch so ein eingebildeter Westbesuch, dem man kopfschüttelnd und manchmal zähneknirschend hinterhersieht.
Wie oft kann man neu anfangen? Meine selbstgezo-

genen Pflanzen in Dresden zurückzulassen, ist mir schwergefallen. Besonders die großen, die ich von klein auf und jahrelang hab wachsen sehen. Jetzt hab ich neue Kerne gesteckt und habe Absenker geschenkt bekommen. Allmählich wachsen die Fenster wieder grün zu. Alles beginnt von vorn.
Durch unseren Sprung ins Leere habe ich auch eine andere Haltung zu materiellen Dingen, wie einer Wohnungseinrichtung, gefunden. Unsere Möbel stehen, weiß Gott warum, immer noch in der DDR. Sicher fehlt mir dieses und jenes. Aber ich habe mich an das Leben auf Gartenstühlen und Campingliegen schon so gewöhnt, daß ich staune, wenn uns Leute deshalb bedauern. Natürlich werde ich, wenn er da ist, meinen alten Schreibtisch genießen. Aber jetzt erfüllt ein großes Brett auf zwei Böcken den gleichen Zweck. Der Verlust hält sich in Grenzen. Was viel mehr fehlt, ist eine Suppenkelle, ein Staubsauger, eben die praktischen Dinge.
Die Frage, was man unbedingt zum Leben braucht, sollte man sich hin und wieder stellen, auch wenn man nicht den Ort und das Land wechselt. – Das Land? Ich weiß nicht, wie lange Euer Verständnis für uns, für unsere Entscheidung, lieber hier zu leben, für unsere Veränderung vorhalten wird. Aber ich würde mich freuen, wenn Du mir weiter schreibst.

Lieber Manfred,
Du hast mir einen so schönen Brief geschrieben, daß ich ihn gleich dreimal lesen mußte. Das war richtig Balsam fürs Gemüt.
Wenn man zehn Jahre lang Tag für Tag zusammengearbeitet hat, bekommt der andere Gewicht. Rechnet man die Stunden auf, so ist man mit den Kollegen mehr zusammen als mit der Familie. Und unsere morgendlichen Gespräche waren mehr als nur eine gute Einstimmung auf den Tag. Ein wenig haben wir uns auch in die Seele gesehen. Vor allem, wenn der andere Sorgen und Probleme hatte: Du, bei Deiner Scheidung, ich, als mein Vater starb. In solchen Situationen jemanden außerhalb der Familie zu haben, mit dem man über vieles reden kann, ist schon ein Gewinn. Auch ich möchte die Zeit nicht missen.
Für den, der geht, ist es immer leichter. Erstens hat er es ja gewollt. Und zweitens wird er mit viel Neuem konfrontiert, muß lernen, kann entdecken. Für den Zurückbleibenden bleibt eine Leere. Im gewohnten Umfeld fehlt ein Teil. Aber es tut gut zu hören, daß man Lücken hinterläßt.
Inzwischen bin ich also Westjournalist. Ich habe Glück gehabt und bin einem Chefredakteur über den Weg gelaufen, der mich überraschend freundlich aufgenommen und mir eine Stelle vermittelt hat. Daß

das so unproblematisch geht, hab ich nie zu hoffen gewagt. Zu viele hatten mir orakelt, daß ich im westlichen Journalismus überhaupt keine Chance hätte. Also hab ich mich darauf eingerichtet, dann eben Sekretärin oder irgend etwas anderes zu werden.
Es ist schwer zu erklären, wieso man manchmal zu Leuten sofort Vertrauen hat, obwohl man die gar nicht kennt. Jedenfalls hab ich dem Chefredakteur meine Dresdner Beurteilung gezeigt und ihn gefragt, ob die mir eher Ärger oder Vorteil bringt. Aber er hat nur gelacht und gesagt, die sei doch gut. Keine Bindung ans Kollektiv – das sei hier eher ein Pluspunkt. Und politische Wertungen aus der DDR nähme man nicht so ernst.
So hatte ich nach vier Wochen Arbeit. Als Feuilletonredakteur wie zu Hause. Bloß das Gehalt ist größer und die Stadt kleiner und bringt Kunst mühsamer und überwiegend auf Laienbasis hervor.
Allmählich begreife ich, daß es keine sozialistische und kapitalistische Kunst gibt, wie man uns weismachen wollte, sondern nur gut und schlecht gemachte. Inhalte und Ziele mögen manchmal verschieden sein, die Quellen aber bleiben die gleichen und auch die Gesetze. Und wenn man sie übertritt, kommen Gartenzwerge dabei raus – überall. Ich schreibe meine Rezensionen jetzt nicht wesentlich anders als in Dresden.
Hier wie da gibt es Goethe und Schiller, und zeitgenössische Autoren sind immer ein Risiko. Hier wie da gibt es abstrakte und gegenständliche Malerei, gibt es Expressionismus und Impressionismus als Wiederentdeckung, gibt es den Versuch, mit neuen Häusern auch Architektur zu schaffen. Letzteres hier aber in

größerem Umfang, einfach weil mehr Geld und so eine bessere Möglichkeit da ist.
Mehr Geld ist der Schlüssel, warum hier vieles sich selbst regelnd funktioniert, was in der DDR unlösbar schien. Zu unserer Redaktion von nicht mal zehn Leuten gehören mehrere Autos. Daß ein Journalist Auto fahren kann, ist selbstverständlich. Also nimmt er sich eins und fährt los. In Dresden durfte das einzige Auto nur mit dem dazugehörenden Fahrer benutzt werden. Und wenn ich daran denke, daß dazu Tage, möglichst eine Woche vorher ein Gesuch an den Verlagsdirektor mit Begründung und Angabe der zu fahren beabsichtigten Kilometer eingereicht werden mußte, dann wird es sinnlos, das jemandem hier erklären zu wollen.
Der alte Witz von der Unterscheidung eines Westjournalisten und eines ostdeutschen basiert auf viel Wahrheit: Wenn was passiert ist, fährt der Westmann hin und fragt die Leute, die dabei waren. Sein Ostkollege dagegen ruft bei der zuständigen Parteileitung an und erkundigt sich, was passiert sein darf. Der Westjournalist nimmt eine Schreibmaschine, setzt sich in eine Ecke und beginnt zu arbeiten. Der Ostjournalist läuft händeringend umher und sucht eine Sekretärin, der er sein Zeug diktieren kann.
Daß hier jeder seine Sachen selber schreibt, daran hab ich mich als erstes gewöhnen müssen. Ich hätte nie gedacht, daß ich das so schnell bringe. War ich doch daran gewöhnt, mein Manuskript, so wie wir alle, erst mal mit der Hand zu schreiben und es dann Frau Schneider zu diktieren. Aber wenn man muß, kann man vieles. In der DDR hat es nie einer verlangt. Und wenn es einer verlangt hätte, wären wir empört

gewesen und hätten ihm erklärt, daß so was nicht ginge.
Hier geht vieles. Die Technik, die jetzt in Dresden als der letzte Schrei eingeführt wird, hat man hier vor zehn Jahren als veraltet abgeschafft. Zeitung wird nur noch am Computer gemacht. Das erklärt auch die Aktualität der Westzeitungen. Wenn man am Abend im Theater war, ist es hier außerdem selbstverständlich, bis mittags – und nicht wie bei uns, wenn es grad mal paßt – die Rezension zu schreiben.
Alles, was ich während des Studiums und in verschiedenen Schulungen über Struktur und Zentralisierung des westlichen Pressesystems gelernt habe, erlebe ich jetzt an Ort und Stelle. Was man uns beigebracht hat, ist nicht falsch, nur auf einer so hohen Verallgemeinerungsstufe und so wenig differenziert, daß man nicht viel damit anfangen kann. Es ist abstraktes, totes Wissen.
Westdeutsche Presse wird privatwirtschaftliche betrieben. Das heißt, die Zeitungen gehören privaten Verlegern oder Verlegergruppen. Von deren politischem Ehrgeiz hängt die Schattierung der Blätter ab. So wirken sie natürlich auch meinungsbildend. Kleinere Verlage halten sich in der Regel in der Mitte. Zeitung ist, wie vieles andere auch, ein Geschäft zum Gelddverdienen (und erst in zweiter Instanz ein Instrument politischer Moral und wandelndes öffentliches Gewissen). Die finanzielle Dominante liegt bei den Anzeigen. Außerdem wirbt man um jeden Abonnenten. Der potentielle Leser soll nicht nur informiert oder beeinflußt, sondern vor allem dafür interessiert werden, das jeweilige Blatt zu kaufen.
Und was interessiert die Leute am meisten? Das

Unglück der andern. Alles, was an scheußlichen Dingen passiert, Raubüberfall und Unfalltote, Affären und Skandale, Krieg – möglichst weit weg –, Bankrottmeldungen, Krawalle, Kindesmißhandlung, geplatzte Karrieren, veruntreute Gelder – all das findest du haufenweise und detailliert in der Zeitung, der Tageszeitung wohlgemerkt. Klatsch- und Tratschblätter, die darüber berichten, wer grad mit wem schläft, von der Prominenz natürlich, wer Lungenkrebs oder Streit mit seiner Schwiegermutter hat, die gibt es extra noch. Der Journalist ist also darauf aus, die negative Sensation zu suchen, denn die kann er am besten verkaufen.

In der DDR mußt du immer nur nach positiven Beispielen suchen und die lang und breit beschreiben. Das interessiert hier keinen oder nur am Rande oder wenn man sich selbst darin findet. Viele sind ganz versessen drauf, in die Zeitung zu kommen.

Die Leute hier haben ein ungebrochenes Verhältnis zu ihrem Blatt. Sie glauben alles, was da geschrieben steht. Der DDR-Leser ist viel mißtrauischer. Vermutet er doch hinter vielen Artikeln nur Propaganda und wertet folglich ihren Wahrheitsgehalt anders. Das Vertrauen hier ist wohltuend, wenngleich nicht bei allen Zeitungen gerechtfertigt.

Pressefreiheit geht ziemlich weit. Absolute Freiheit habe ich nicht erwartet. Wo Menschen am Werk sind, geschieht nie was absolut. Daß es Ärger gibt, wenn ein Geschäftsimage angekratzt wird oder die Größen der Kleinstadt angegriffen werden, ist normal. Der allgemeine politische Spielraum aber ist immens. Anfangs hab ich öfter gefragt, ob man das so schreiben darf, und dann jedesmal Gelächter geerntet.

Westlicher Journalismus spielt sich auf mehreren Ebenen ab. Es gibt nicht nur die mediale Trennung, sondern auch deutliche Unterscheidungen im geistigen Anspruch. Ein paar elitäre Zeitungen, von der Intelligenz für die Intelligenz geschrieben. Originell und klug wird da aus aller Welt und allen Bereichen informiert. Die Artikel verraten Autoren mit literarischem Ehrgeiz und ein hervorragendes Archiv. Politisch pendeln sie zwischen linker und rechter Mitte. Dann kommt eine Reihe weniger anspruchsvoller, aber immer noch gut lesbarer Blätter. An denen hängen dann jeweils ein bis zwei Dutzend Lokalausgaben dran. Für jede Kreisstadt eine. Da kannst du dann Vereins- und Unfallberichte lesen. Berichte über goldene Hochzeiten, Sommerfeste, Besucherrekord im Schwimmbad, einen neuen Stadtrat, Grundsteinlegung, Bauausschuß, Heimsieg beim Fußball, eine renovierte Gaststätte, Krach im Theater . . . also über alles, was in einer kleinen Stadt so passiert.
Informationen lassen sich genauso gut verkaufen wie Schuhe oder Apfelsinen. Deshalb ist das Zeitungsnetz sehr dicht. Viel dichter als in der DDR, wo nur jeder Bezirk eine eigene, und dann eben nur Parteipresse hat.
Schließlich gibt es noch die Boulevard-Zeitungen, reißerisch aufgemacht, mit knalligen Überschriften, hervorragendem Layout und viel Sex und Blut und Schmutz. Die Leute lesen es mit Begeisterung. Es rinnt ein wohliger Schauer den Rücken hinab, wenn man erfährt: Maharadscha vergewaltigte Stewardess in der Luft; Sieben Jahre unschuldig hinter Gittern; Tochter von XY entführt. Geschichten wie in Hein-

rich Bölls Buch »Die verlorene Ehre der Katharina Blum« können immer noch passieren.
Ein ehemaliger Redakteur hat mir ein bißchen von der Methodik der Boulevard-Presse erzählt: Wenn man zum Beispiel Informationen über eine Person sammelt, so werden zuerst jene Verwandten angesprochen, wo man eine Spannungsbeziehung erwartet, als da sind: Schwiegermütter, Schwiegertöchter, Schwägerinnen. Oder man klingelt einfach an der Wohnungstür und versucht, die Leute auszufragen. Und wenn sie nicht wollen, droht man ihnen, zur Nachbarin zu gehen. Die werde schon was wissen . . . Oder man sucht ein Foto. Und wenn man keins bekommt, möchte man die Person doch wenigstens mal im Familienalbum anschauen. Notfalls kann man was daraus klauen und später behaupten, der Betreffende habe es einem doch selbst gegeben. Und er solle doch beweisen, daß es anders war . . .
So was hört sich für uns wie ein Märchenkrimi an. Pressefreiheit hat auch Schattenseiten, wenn die Presse verantwortungslos damit umgeht.
Einige ehemalige DDR-Bürger probierten, als sie durch die Ausreisewelle wieder mehr ins Gespräch kamen, ihre Schicksalsberichte zu verkaufen. Was da alles in der Zeitung stand! Sicher mögen verschiedene Menschen verschiedene Erfahrungen gemacht haben, und manche auch sehr schlimme. Aber diese Flut von rührseligen und Horrorgeschichten brachte alles, bloß kein realistisches Bild.
Für mich ist Sozialismus eine Staatsform, die mit großem Anspruch angetreten ist, jetzt aber immer mehr erstarrt. Ich kann nicht mehr an ihre Zukunftsträchtigkeit glauben. Bedauerlich ist, daß der Praxis

mehr und mehr die Idee verlorengeht. Kommunistisches Ethos und christliches hatten viel gemeinsam. Als Erlöser nicht Jesus, sondern die Arbeiter. Und die sollen das Himmelreich schon auf Erden errichten.
Bloß, was errichten sie wirklich? Oder lassen errichten? »Gesamtgesellschaftliches Eigentum« läuft menschlicher Psyche zuwider. Ein kleines Gemüsebeet, von dem ich weiß, es gehört mir, das werde ich ausgiebiger pflegen, da ich den Ertrag für mich behalten kann und seine Höhe von meinem Fleiß und Geschick abhängt, als einen riesigen Schlag von einem nicht faßlichen Gemeinwesen (jedem gehört alles). Ob ich da mehr oder weniger arbeite, ist nicht zu spüren, und auch mein Erlös ist immer gleich. So wachsen mit Gleichheit Gleichmacherei und Gleichgültigkeit. Woher soll eine Motivation kommen? Mit Menschen ist das nicht zu machen. Vielleicht mit Engeln. Obwohl Sozialismus nur Materialismus lehrt, fordert er unentwegt Idealismus.
Trotz aller Krisen und Pleiten und Arbeitslosen ist das andere System das effektivere. Und der Abstand wächst immer weiter. Eigentlich traurig für beide. Denn damit schrumpft auch das Verständnis füreinander. Hoffnung liegt allein bei den persönlichen Beziehungen, die von politischen und wirtschaftlichen Überlegungen unabhängig bleiben.
Ich wünsche uns, daß wir das schaffen.

Liebe Susanne,
ich kann es Dir nachfühlen, daß Du des Rumziehens müde bist. Das Einordnen und Unterordnen in Lebensformen, die oft weit entfernt von den eigenen sind, schnürt die Luft ab. In zwei Monaten bei drei verschiedenen Verwandten zu wohnen, kostet Kräfte, die man eigentlich für anderes braucht. Daß jetzt Arbeit und Wohnung auch für Euch in greifbare Nähe gerückt sind, ist aber der erlösende Schritt, der ungewohnten Entwurzelung zu entkommen und wieder heimisch zu werden.
Wie Du Euren Auszug aus Dresden beschreibst, hat mich sehr berührt, vor allem die Passage: »An jenem Aprilmorgen, als wir aus dem verschneiten Hof herausfuhren, vollbepackt, in unserem winzigen Käfer, war es nicht faßbar, dieses Nie-wieder. Nie wieder dieses Haus betreten, das wie ein altes, liebendes Wesen sich zwischen Bergen und Elbtal ausspannte und jahrelang Schutz vor Zerrissenheit und Anfechtung, jahrelang Insel der Harmonie aller Dinge war. Obwohl man tief innen wußte, das alles dauert nicht, tat es doch weh, es zu verlassen.«
Obwohl man weiß, der Preis, Neues zu finden, ist, Altes zu lassen, möchte man sich doch nicht trennen. Möchte man wenigstens die schönen Dinge festhalten. Aber es geht nicht . . .

Ich bin heute so ziemlich am tiefsten Punkt seit unserer Ausreise. In solcher Verfassung sollte man natürlich keine Briefe schreiben. Denn was dabei rauskommt, kann nur eine Zumutung für den Empfänger sein. Aber Du wirst das schon verstehen.
Heute morgen habe ich Hartmut zum Zug gebracht. Er ist von München nach Zürich geflogen, und von da weiter nach Bagdad. Wir werden uns frühestens im Dezember wiedersehen. Auch wenn ich vernunftmäßig akzeptiere, daß es die einzige Chance für ihn war, in seinem Beruf eine ordentliche Arbeit zu kriegen, eine Härte bleibt es allemal. Nach so kurzer Zeit, gerade erst hier angekommen, und jetzt gleich wieder ein Aufbruch. Dabei wird jeder seine eigenen, unterschiedlichen Erfahrungen machen, ohne daß der andere das nachvollziehen kann. So etwas bringt Fremdheit. Daß eine solche Trennung aber eine Ehe gefährdet, glaube ich nicht. Im Gegenteil, aus dem Abstand verklären sich die Dinge eher. Erst wenn der andere nicht mehr da ist, kann man spüren, wie wichtig er war. Wenn man lebenslänglich jeden Tag zusammen ist, wird man das vielleicht nie erfahren, denn im normalen Alltag werden all die großen Dinge klein, und die kleinen groß. Sich aus den Augen verlieren kann man vor einem Berg von Nebensächlichkeiten genauso leicht wie bei einer räumlichen Trennung. Und auch einen Partner, den man interessanter und aufregender findet, kann man im Nachbarhaus genausogut entdecken wie auf einem anderen Erdteil. Ein Trost ist auch, daß – wenn alles so läuft, wie wir hoffen – wir in zwei Jahren nicht grad reich sind, aber zumindest so viel Geld haben, wie für ein beruhigendes Gefühl notwendig ist.

Die letzten Tage waren natürlich doppelt deprimierend. Schwer zu sagen, für wen die beiden nächsten Jahre belastender sind. Für Hartmut, allein in einem fremden Land, oder für mich, allein hier, mit den Kindern. Ich hab versucht, die Zeit, die wir noch zusammensein konnten, zu genießen. Soweit es eben geht. Und es sich nicht mit gegenseitigem Gejammer noch schwerer zu machen.
Der seelische Prozeß einer Trennung läuft bei mir ganz eigenartig ab. Das ist ja nun schon der zweite einschneidende Abschied in diesem Jahr. Das ist wie eine schlagartige Erkenntnis, die mir irgendwann ins Bewußtsein dringt, die Notwendigkeit und Unabänderlichkeit der Trennung. Mich damit abzufinden, brauche ich eine gewisse Zeit. Das sind Wochen und Tage, in denen die Seele wirklich blutet, und ich am liebsten keinen hören und sehen möchte. Das ist so wie partielles Sterben. Aber davon fällt man nicht tot um, sondern findet sich rein. Muß ja eben. Und die Zeit, die dann bis zur tatsächlichen Trennung bleibt, habe ich jedesmal als Aufschub empfunden und konnte sie auch (relativ) genießen. Dabei wird einem die Endlichkeit jeder Beziehung und jeder Situation überdeutlich bewußt. Es ist wie eine Mahnung, intensiver und bewußter zu leben. Hartmut hat das ziemlich deutlich empfunden und zu mir gesagt: »Für dich ist der Prozeß der Loslösung schon vollzogen.«
Trotzdem war das immer noch beschissen genug am Bahnhof. Wenn man sich mühsam beherrscht, schließlich doch noch mit den Tränen kämpft und dann Kinder trösten muß, obwohl man in dem Augenblick selbst einen gebrauchen könnte, der einen tröstet. Bloß da ist eben keiner. Und da wird

auch keiner kommen. In den entscheidenden Momenten des Lebens ist man immer allein. Damit muß man sich abfinden.
Es ist schon seltsam, wie wenig man eine unbekannte Situation vorher abschätzen kann. Daß ich jetzt hier ganz allein in Westdeutschland sitze, hätte vor einem Jahr mein Vorstellungsvermögen einfach überfordert. Und da, wo ich Probleme erwartet habe, finanziell und vor allem im Beruf, da habe ich überhaupt keine. Ich war noch nie so gern Journalist wie jetzt. Richtig bewußt geworden ist mir das, als ich die ersten Briefe von Manfred bekommen habe. Wir haben ja die vielen Jahre zusammengearbeitet, haben uns oft in die Haare gekriegt, dann wieder aneinander Gefallen gefunden, haben uns geärgert, vertraut, geholfen, geschätzt. Irgendwie war das eine seltsame Beziehung.
Zunächst konnten wir nicht viel miteinander anfangen. Als Absolvent imponierte mir Marx, und Sozialismus hielt ich für ein erstrebenswertes Ziel. Über meinen Eifer hat er damals nur den Kopf geschüttelt. Ich habe Jahre gebraucht, endlich die Lügen zu durchschauen, die zu unserem Alltag gehörten. Die tagtäglichen Erfolgsberichte der LPG-Bauern und Kohle-Kumpels, die Planübererfüllungen von 1,76 Prozent, die Freudenfeste der Statistik, wenn sie 2,3 Schweine mehr und den Prokopfverbrauch an Alkohol abrechnete – all das hat meine Begeisterung langsam, aber stetig abgekühlt. Denn privat erzählte jeder, aber auch jeder, ausschließlich Hiobsbotschaften, ganz gleich, ob er Schuster, Student oder Direktor einer Konservenfabrik war. Immer gab es irgendwas nicht, ging irgendwas nicht oder mußte

was offenkundig Dußliges gemacht werden. Aber darüber konnte man freilich nicht schreiben. Denn, so hieß die Argumentation von oben, das würde unsere Menschen nur unnütz beunruhigen. Das bringt uns nicht weiter. Außerdem liest der Klassenfeind mit. Und sobald der was von Mängeln erfährt, schlachtet er es auf seinen Hetzsendern aus . . . Erstaunlich, wie weit weg das schon alles ist.

Erst Jahre später hab ich mich mit Manfred auch in persönlichen Bereichen gefunden. Wir schätzten einander als Kritiker. Aber die Rivalität zwischen uns war nie bedrückend, sondern mehr eine Herausforderung. Ich glaub, das hat uns beiden Spaß gemacht. Feuilletonredakteure haben überall die gleiche Mentalität. Ich erlebe das auch hier wieder. In der Redaktion gelten sie als versponnen und versnobt. Sie prunken mit Kunstwissenschaft und ästhetischen Kategorien. Und durch ihren ständigen Umgang mit Künstlern fühlen sie sich selbst ein wenig als solche. Sie sind etwas wunderliche und alleingelassene Geschöpfe. Ihre hartnäckige Behauptung, eine Rezension enthalte viel mehr gedankliche Arbeit als ein Bericht, entlockt den anderen nur ein müdes, nachsichtiges Lächeln.

Mag sein, daß auch die abwehrende Haltung der anderen, deren Kunsterlebnis sich auf das allabendliche Fernsehprogramm beschränkte, Manfred und mich zeitweilig zusammengeführt hat. Trotzdem blieb da immer ein Abstand, ein nie ausgesprochenes Mißtrauen. Eine innere Stimme hat mich immer gewarnt, auch hier nicht zuviel von mir preiszugeben. Wer von den Redakteuren Beziehungen zur Staatssicherheit haben könnte, wußte keiner. Im Grunde konnte es jeder sein. Diese Unsicherheit vergiftete jede Verbindung. Es gab immer einen Punkt, an dem einfach Schluß war. Ob Manfred denen was über mich erzählt hat, weiß ich nicht. Aber ich glaube es nicht. Denn nichts bei den späteren unerquicklichen Behördenrunden deutete auf Preisgabe. Wie Du weißt, gab man sich da wenig Mühe mit uns. Ich frage mich heute noch, wieso das so einfach und reibungslos ging. Wir hatten ganz anderes erwartet, auch anderes gehört. Es blieb immer nur die Angst der Ungewißheit. Aber die bekam keine Nahrung.

Manfred hat mich dann noch zwei-, dreimal besucht. Heimlich, es sollte keiner wissen. Wohl war uns beiden nicht dabei. Die Trennung lief bereits staatlich gelenkt. Ich kann nur hoffen, er bekommt meinetwegen keinen Ärger, woher auch immer.

Hin und wieder schreibt er mir jetzt, und ich bin froh darüber. Man hängt noch an so vielem. Manche Briefe sind da Linderung. Die Korrespondenz mit der Verwandschaft habe ich auf ein erträgliches Maß eingependelt (Wie geht es Dir, mir geht es gut, schicke bitte . . .). Aber Menschen, die geistige Partner waren, zu verlieren, tut weh. Ihnen möchte ich auch jetzt noch, oder gerade jetzt, so vieles sagen. Schon weil wir hier Situationen und Dinge kennenlernen, von denen man vorher nicht mal ahnte, daß es die gibt. Die paar Monate hier bergen so viele Erfahrungen, wie sie sonst über Jahre verteilt waren. Es ist genau, wie Du schreibst: Wir sind wie ein Schwamm: Sehen, hören, aufnehmen, wachsen von allem, was um uns und mit uns passiert.

Ich hab noch keine rechten Vorstellungen davon, wie es jetzt bei mir weitergeht. Irgendwie muß ich es

schaffen, Kinder, Beruf und Haushalt in solche Bahnen zu lenken, daß ich es allein bewältigen kann. Vor allem die Kinder sollen nicht darunter leiden. An ein Leben ohne Vater müssen sie sich auch erst gewöhnen. Aber ich habe ja gar keine andere Wahl, jetzt heißt es nur noch, durchzuhalten.
Sobald Ihr in der eigenen Wohnung seid, komme ich Euch besuchen. Stephan und Tine freuen sich schon darauf. Ich natürlich auch.

Peter, mein Lieber,
ich habe oft darüber nachgedacht, wie es mit uns weitergegangen wäre, hätte ich nicht die DDR verlassen. Ich weiß bis heute nicht, was ich in all den Jahren für einen Rang in Deinem Leben eingenommen habe. Du hättest Dir lieber die Zunge abgebissen, als mir auch nur einmal zu sagen, daß Du mich liebst. Daß Du es dennoch getan hast, bin ich mir aber sicher. Es gibt viele Formen von Liebe. Und Deine Haltung, Deine Reaktionen waren beredter Ausdruck. Deine Fassungslosigkeit, als ich Dir sagte, wie werden in den nächsten Wochen einen Ausreiseantrag stellen. Wir – das heißt, mein Mann und ich. Die Verzweiflung, die da in Deinen Augen stand, war mehr als jede verbale Liebeserklärung.
Du warst der einzige, zu dem ich noch so viel Vertrauen hatte, es ihm vorher zu sagen. Niemand sonst, nicht mal Eltern und Geschwister, wußten es, nur Du. Der Abschied von Dir ist mir schwerer gefallen als alles andere. Aber irgendwann mußte es wohl sein. Einfach, weil diese Beziehung so unwirklich schön war, und das über so lange Zeit. Diese gewaltsame, harte Trennung jetzt hat uns wenigstens ein prosaisch tristes Ende oder eine mögliche Katastrophe erspart. Wir sind dadurch zwar sehr schmerzhaft, aber doch so auseinandergekommen, daß kei-

ner von dem anderen enttäuscht wurde, man bis zuletzt dem standgehalten hat, was man dem anderen sein wollte.
Ich weiß nicht, inwieweit Du meine Entscheidung zu gehen, verstehen kannst oder sie nur tolerierst. Es ist schwer, sich darüber mitzuteilen. Es ist ein Prozeß, den man selbst durchleben muß. Irgendwann an den Punkt kommen, wo man sagt: Bis hierher und nicht weiter. Ich habe mich manchmal gefragt, ob es eigentlich ein Erlebnis, einen klar benennbaren Fakt gegeben hat, der die Entscheidung endgültig gemacht hat. Ich habe keinen gefunden.
Es war mehr die Summe der Unzufriedenheit, der zunehmende Verlust der persönlichen Integrität, die verlorene Möglichkeit, sich mit seiner Umwelt, seiner Arbeit und auch dem, was man Staat nennt, zu identifizieren.
Daß ich nicht zu denen gehöre, die wegwollten, weil es hier die schickeren Klamotten gibt oder weil sie ihren Pudding mit dem Pulver von Dr. Oetker kochen und die Wäsche mit dem Weißen Riesen waschen wollen, weißt Du. Ich gehöre eher zu denen, die an ihren Idealen noch festhalten, wenn sie ihnen schon unter den Händen zerrinnen. Und ich habe mich in den letzten Jahren immer öfter und immer vergeblicher gefragt, worin der Sinn meiner Arbeit als Redakteur eigentlich liegt. Ich war vielleicht wichtig für eine Handvoll Maler, deren Ausstellungen ich rezensiert habe, einzelne, die ich interviewt habe. Aber was sonst alles zu meinem Job gehörte, erfüllte mich zunehmend mit Unbehagen. Nicht nur sozialistisches Brigadeleben, Planung und Planabrechnung,

GDSF*-Nachmittage und Schulen der sozialistischen Arbeit. Das hätte ich ja alles noch ertragen. Schlimm und immer weniger zu verantworten fand ich, Kommentare zu schreiben über ein Land, das man gar nicht kannte, den Kapitalismus zu entlarven, wie es so schön hieß, ohne je die Larve, geschweige denn, was darunter ist, gesehen zu haben.
Unsere Welt endet an der Elbe. Das mag erträglich sein, wenn man Urologe oder Klempner ist. Also nützliche Dinge vollbringt, gleich, wo und wie man lebt. Aber als Redakteur?
Voraussetzung für eine Dienstreise ins westliche Ausland war so viel politisches Engagement, wie ich nicht bereit war, aufzubringen. Damit war die Sache klar. Im günstigsten Fall wäre eine Fahrt nach Moskau die Krönung meiner journalistischen Laufbahn gewesen. Hier dagegen ist politisches Engagement nicht nur nicht gefordert, sondern weitgehend zurückzuhalten. Jedenfalls in bezug auf meine Arbeit; denn ein parteipolitisch aktiver Journalist, so meint man, wird kein objektiver Berichterstatter sein. Natürlich sind solche Reglements auch Eingriffe in die persönliche Freiheit, aber Eingriffe, die einleuchtend sind, und die mich deshalb – jedenfalls im Augenblick – nicht belasten. Statt Wehrunterricht haben meine Kinder jetzt Religion in der Schule. Daß ich mich erfolglos empört habe, als in unserem Dresdner Kindergarten militärisches Spielzeug obligatorisch eingeführt wurde, hören sich hier die Leute nur kopfschüttelnd an. Keine Jungen Pioniere, keine FDJ, keine Abzeichen

* Gesellschaft für Deutsch-sowjetische Freundschaft

für die besten Altstoffsammler und keine Lernkonferenz, keine imaginäre Soli*-Spende, keine dauernden Appelle.
Mein Sohn ist von der hiesigen Schule sehr angetan, aber intellektuell offenbar unterfordert. Der DDR-Lehrplan hat mehr verlangt, mehr Wissen gepaukt, hier wird mehr diskutiert, das Für und Wider einer Sache erwogen. Das scheint ihm zu gefallen. Ob es sich auszahlt, wird sich zeigen. Jedenfalls habe ich keine großen Probleme mit ihm, werde nicht vors Elternaktiv zitiert, um mich dafür zu verantworten, was für ein Rebchen ich doch erziehe bzw. nicht erziehe.
Ich bin natürlich froh, daß die Kinder sich hier so schnell eingelebt haben. Meine Kleine geht in einen Waldorf-Kindergarten und ist nachmittags bei einer Familie mit Haus und Garten. Sehr hilfsbereite, aufgeschlossene Leute – beide arbeitslos –, bei denen sie sich wohl fühlt. Anders wäre Berufsleben mit Kindern und ohne Mann nicht zu schaffen.
Mein Mann ist jetzt mit einem Zweijahresvertrag im Irak. Bei einer Consulting-Firma, die ihn mit tollen Versprechungen gelockt, dann aber ziemlich verladen hat. Er schreibt jedenfalls sehr deprimierende Briefe. Telefoniert haben wir auch zweimal, die Minute zu sieben Mark. Statt des versprochenen Leitungsjobs gibt es nur Piesepampelarbeiten. Dazu die Wüste und die Hitze und die Trennung von der Familie vor allem, das muß ihm schwer zu schaffen machen. Er ist anders als ich, emotionaler und sensi-

* Umgangssprachliche Abkürzung von Solidarität.

bler, ein Krebs. Jedenfalls macht er sich mehr Gedanken darüber, wie es mir hier so allein ergehen könnte, als gut ist. Als er das erste Mal mit unserer Tochter telefoniert hat, haben beide geheult. Andere Männer wären vielleicht froh, nach zwölf Jahren Ehe die Frau mal los zu sein, und würden eine Bauchtänzerin nach der anderen vernaschen. Mein Mann nicht.
Ich komme mit meinem Alleinsein eigentlich ganz gut zu Rande, starte auch Solo-Unternehmungen. Vorige Woche bin ich nach West-Berlin gefahren. Das erste Mal über die Transitstrecke. Da ein Visum zu kriegen, war kein Problem. Ich habe mich allerdings vorher beim Berliner Senator für Ost-West-Fragen erkundigt, ob ich mit Ärger oder Maßregelungen rechnen müßte, denn ein Einreisevisum in die DDR krieg ich noch immer nicht. Er meinte aber, auf den Transitwegen halte sich die DDR an alle Abmachungen und lasse die Leute in Ruhe. Dennoch hatte ich Herzklopfen, als ich mich der Grenze näherte. Verunsichert hab ich beim ersten Posten angehalten. Aber der winkte mich nur unwillig weiter: hier noch nicht. Dafür stoppte mich der zweite und fragte barsch: »Sie haben es wohl sehr eilig?«
Dann wunderten sie sich ausgiebig über meine Fahrerlaubnis. Ich habe die noch nicht umgetauscht und mußte nunmehr als Westdeutsche auf den DDR-Straßen mit einem ostdeutschen Führerschein fahren. Wo ich den herhätte, wollte der Grenzer wissen. »Den hab ich nicht her, den hab ich noch«, hab ich gesagt. Darauf er: »Eigentlich könnten wir den ja einbehalten.« Aber das sollte nur ein Scherz sein, wenngleich ich das in dieser Situation nicht besonders spaßig fand.

Alle Papiere werden von einem Computer kontrolliert. Man muß sie abgeben und kriegt sie erst 100 Meter weiter wieder. Dahin werden sie mit einer Rohrpost transportiert. Das ist ein Kanal, der neben der Straße läuft. Ich habe sogar den Motor ausgeschaltet und die Scheibe runtergedreht, um das Förderband zu hören. Es hat etwas länger als bei den anderen gedauert, ehe der Apparat meine Papiere wieder hergab. Aber es gab jetzt keine Fragen und Kommentare mehr.
Plötzlich war ich wieder in der DDR. Ein komisches Gefühl, wieder zwischen Trabbis und Wartburgs zu fahren, auf holpriger Straße und nicht schneller als 100. Schön war das nicht, eher traurig. Ich hab mir dauernd überlegt, was wäre, wenn auf einmal in einem Auto vor oder hinter mir ein Bekannter führe. Man könnte sich mit den Scheinwerfern freundlich zublinken, winken, und das wäre alles.
»Um Gottes willen nicht anhalten und gleich gar nicht mit jemandem sprechen«, hatten mich Kollegen aus West-Berlin gewarnt. »Das kann viel Ärger und stundenlangen Aufenthalt an der Grenze bringen.«
Auf der Rückfahrt mußte ich aber anhalten, weil ich eben mal mußte. Und erwische ausgerechnet einen Parkplatz, auf dem ein Polizeiauto steht. Der Fahrer sagt gerade was durch sein Sprechfunkgerät. Möglicherweise die Autonummern der rings um ihn herum parkenden Fahrzeuge. Um nachträglichen Verwarnungen zu entgehen, habe ich mich für die Offensive entschieden. Ich bin also zu dem Streifenwagen gegangen und habe mich bei dem Fahrer freundlich erkundigt, ob es etwas dagegen einzuwenden gäbe, wenn ich mal in den Wald ginge. Oder wie

man das hier machen muß. Er hat mich ganz erschrocken angeschaut, dann aber eine amtliche Miene aufgesetzt und gesagt, ich darf.
In Berlin war ich dann nachts um halb zwei. Da hab ich das Auto in eine Seitenstraße gestellt und bis zum Hellwerden geschlafen. Direkt neben einem Friedhof, wie ich am Morgen feststellte.
Nachdem ich mein Tagespensum absolviert und zwei Künstler besucht und befragt hatte, bin ich abends zum Kurfürstendamm gefahren und dort staunend auf und ab gelaufen. Diese Stadt hat etwas Irres, aber ungeheuer Lebendiges, Anziehendes. Auf dem Kurfürstendamm passiert auf 300 Metern und in einer halben Stunde mehr als in unserem Städtchen die ganze Woche. Da zeichnet einer Porträts von Passanten, verkauft einer Anstecknadeln. Ein Feuerspucker tritt auf. Aber einer, der es noch nicht richtig bringt, erst übt, und jedesmal vor der Flamme zurückzuckt, die er mit Petroleum im Mund in die Luft pustet. Einer malt auf dem Bürgersteig mit Kreide die Mona Lisa. Skinheads spielen nachts um eins Tellerwerfen. Ein Polizeiauto steht daneben, und die Männer in Uniform schauen ihnen zu. Leben zu jeder Stunde. Und Kontraste, Schlaglicht und schwärzester Schatten auf engstem Raum. In den Schaufenstern hängt Nobelgarderobe, Kleider zu drei- und fünftausend Mark, und vor der Glasscheibe steht ein Bettler und erbricht Schnaps.
Ich hab mir auch Theater angesehen. Ein amerikanisches Stück. Leichte, seichte Sommerkost, und das Publikum genauso anspruchslos wie im Dresdner Operettentheater. Der Lieblingsschauspieler brauchte nur die Bühne zu betreten, schon wurde

geklatscht, noch ehe er das erste Mal den Mund aufmachte. Aber die Leute waren besser gekleidet und dufteten nach teurerem Parfüm. Ich war die einzige in Jeans. Wäre die Inszenierung nicht so simpel gewesen, hätte das Stück sogar einiges hergegeben.
Als ich aus dem Theater kam, war da ein Maler. Aus Paris, hatte er auf einen Zettel geschrieben und den neben seine Bilder, die er verkaufen wollte, gelegt. Außerdem stand da noch, daß er Student und taubstumm sei und folglich Geld brauche. Ich hab ihm eine Weile zugesehen. Er stand da ganz versunken und malte einen Mann vor einer bunten Mauer. Nach einer Viertelstunde kam er auf mich zu, hatte eine Zeitung in der Hand und zeigte mir darin einen Artikel über sich. Da stand, er habe im Westteil der Stadt die Grenzmauer angemalt, mit Blumen, Tieren und Ornamenten. Abends seien die Grenzer von der DDR rübergestiegen und hätten alles wieder abgemacht. Und zu ihm gesagt, das sei ihre Mauer, und er solle das bleibenlassen.
Plötzlich fing der taubstumme Maler an, mir eines seiner Bilder zu erklären, ganz leise, so daß es außer mir keiner hören konnte. Ich verstehe kein Wort Französisch, habe ihn aber auch so begriffen. Auch, warum er sich taubstumm stellte. Einfach um den blöden Bemerkungen der Passanten zu entgehen und ungestört malen zu können. Daß er diesen Schutz aber vor mir aufgab, hat mich doch überrascht. Daß so was geht, daß man sich nur über einen Blick verständigt. Er muß sich sicher gewesen sein, daß ich nicht dumm oder verschreckt reagiere. Eine kurze Begegnung, die schön war und mich lange beschäftigt hat.
Wieso spürt, ahnt, weiß man manchmal was vom

anderen, obwohl man den gar nicht kennt? Bei Dir ging es mir damals genauso. Ich weiß nicht warum, aber ich mußte Dich einfach ansprechen.
Als ich zurückgefahren bin, an Leipzig vorbei, 30 Kilometer nur noch von Dir entfernt, hat nicht viel gefehlt, und ich hätte zu heulen angefangen. Das war furchtbar: zu wissen, in einer Viertelstunde hätte ich bei Dir sein können. Dein Haus greifbar nahe, und doch unerreichbar weit. Vor meinen Augen der Wald, die Felder, durch die wir spazierengegangen sind.
Hier im Westen erwartet jeder, daß ich dankbar und froh bin, daß ich nun hier wohne, Arbeit habe, daß es mir gutgeht. Daß ich Sehnsucht hab nach zu Hause, nach einer Landschaft, nach vertrauten Menschen, verstehen nur wenige.
Wer sollte das auch begreifen: dieser schnelle scharfe Schnitt. Eines Tages bringt einer eine Karte, eine Vorladung, dann weiß man: morgen. Und man packt die Koffer, ruft ein paar Freunde an, geht mit großen Augen durch die Wohnung, verschenkt die letzten Grünpflanzen, überlegt. Vielleicht wollen die doch noch etwas anderes?
Nein, wollen sie nicht. Früh halb acht waren wir bestellt. 8.35 Uhr hatten wir unsere »Entlassungspapiere«. Und dazu den Hinweis, daß wir das Land bis 24 Uhr zu verlassen hätten.
Drei Stunden blieben bis zum Zug. Auf zwei Ämtern mußten wir uns noch abmelden, Stempel holen, und unseren Sohn aus der Schule, vom Unterricht weg.
Das habe ich mir zu diesem Zeitpunkt natürlich nicht träumen lassen, daß ich ein halbes Jahr später ganz allein in West-Germanien sitze und meinen Kindern im Atlas zeige, wo ihr Vater jetzt ist.

Solo lernt man zwar schneller Leute – Männer – kennen als mit kompletter Familie. Aber wen ich mal einlade oder wo ich mich einladen lasse, muß ich mir jetzt genau überlegen, um Mißverständnisse auszuschließen. Eine alleinstehende Frau wird von vielen als Freiwild betrachtet. Es ist unglaublich, mit welcher Unverschämtheit einem manche Männer hier sexuelle Dienstleistungen anbieten. Und wenn man ihnen dann sagt, sie sollen sich zum Teufel scheren, sind sie auch noch eingeschnappt. So langsam kann ich die Feministinnen verstehen.
Ein Buch von der Holländerin Anja Meulenbelt hatte ich in Dresden schon gelesen. In zwei Nächten, denn es war über drei Ecken geliehen und mußte schnell zurückgegeben werden, ein zerfleddertes, zerlesenes Exemplar, das die Runde machte. Von solchen Ideen, lesbische Frauen, die gegen die Männer antreten, hatte ich zuvor noch nie was gehört. Das Buch hatte was Sensationelles. Anrüchiges sowieso. Hier liegt es in jedem Laden, wird kaum gekauft.
Aber ein solches Buch konnte nur hier entstehen. Denn diese Welt ist eine Männerwelt. Viel weniger Frauen als in der DDR haben einen richtigen Beruf. Die meisten sehen sehr gut aus, sind gepflegt, tragen modische Garderobe, sind gute Mütter. Aber der größte Teil der intellektuellen Jobs und Führungspositionen gehört den Männern.
Von Selbstbefriedigung oder lesbischer Liebe wird man natürlich nicht unabhängiger. Hier werden falsche Zusammenhänge aufgebaut, werden Ursache und Wirkung durcheinandergebracht. Gesellschaftspolitische Strukturen allein aus der Sexualität herzuleiten, führt irgendwann in eine Sackgasse.

Ich vermute, das Ganze hat seinen Ursprung in der Sexwelle. Viele Frauen waren da in einer Position, wo sie sich von allen möglichen Männer haben mitnehmen lassen, um nicht als altmodisch oder frigide beschimpft zu werden. Schließlich liest man in jeder Zeitung von Mädchen, die toll im Bett sind. Wer will schon dauernd dahinter zurückstehen? Bloß viel werden sie davon nicht gehabt haben. Ein flüchtiger Traum, wenn überhaupt. Vielleicht auch nur ein Alp. Und jetzt geben sie dafür den Männern die Schuld. Versuchen, sich selbst zu finden, indem sie sich sexuell unabhängig machen. Eine Dummheit wird durch eine andere ersetzt. Nach der Lektüre feministischer Literatur kann man in jedem Mann nur noch einen Rohling oder Lustmolch sehen. Wie gesagt, begreifen kann ich das. Jetzt noch mehr als zuvor, aber teilen nicht.
Vielleicht bin ich aber eine untypische Frau. Nach der Charakteristik von Simone de Beauvoirs Buch »Sitte und Sexus der Frau« liebe ich auf mehr männliche Art. Denn sie schreibt, wenn eine Frau liebt, sieht sie nur den Mann, und ist bereit, sich ihm zu Füßen zu legen, will nur ihn und richtet danach ihr ganzes Sinnen und Trachten. Ein Mann dagegen will zwar auch die Frau, aber eben nicht nur. Er behält sein übriges Umfeld im Blick. Er kann sich wegen einer Frau durchaus überschlagen, wird sich ihr aber selten blind und mit Haut und Haar ausliefern. Dieser Art zu denken und zu empfinden fühle ich mich in der Tat verwandt. Vielleicht liegt das auch am Beruf, der ja mehr ein Männerberuf ist und zu nüchternem Denken erzieht.
Ich hab Dich mal gefragt, ob Du eigentlich glücklich

bist oder – um nicht so hochtrabende Begriffe zu gebrauchen – wenigstens zufrieden mit dem Leben, das Du führst. Aber Du hast nur unwillig geknurrt, noch ein bißchen Analyse probiert und bist dann ausgewichen. Ich glaub schon, daß ich hier zufriedener lebe als in Dresden. Weniger verspannt, gelassener, erwartungsvoll. Das Gefühl, Entscheidendes zu versäumen, ist abgeflaut. Ich genieße es, eigene Erfahrungen zu machen von einer Welt, die ich bis dahin nur theoretisch und ideologisch gefärbt, genauer: verfärbt kannte. Ich habe viele Ansichten korrigieren müssen, andere bestätigt gefunden. Aber das sind jetzt meine ureigenen Erkenntnisse, die nur für mich gelten. Mögen diese Erfahrungen richtig oder falsch, typisch oder zufällig sein, sie sind meine Basis, bis sie durch andere ersetzt werden. Keine fremden Behauptungen, deren Wahrheitsgehalt sich jeder Kontrollierbarkeit entzieht.
Gewiß gibt es hier auch Ignoranten und Besserwisser. Leute, die nichts aus eigener Anschauung kennen, aber alles beurteilen wollen. Einen von der Sorte habe ich in Berlin beim Frühstück im Hotel kennengelernt. Der war noch nie in der DDR oder einem osteuropäischen Land. Und würde da auch nie hinfahren, wie er sagte, aus Prinzip. Aber er wußte ganz genau, wie es da zugeht. Schließlich liest er ja Zeitung. Ich habe ihm andächtig zugehört und mir alles erklären lassen. Erst als er sich dann verabschiedete, hab ich ihm gesagt, daß ich aus Dresden bin. Das fand er gar nicht lustig. Schon vor Jahren hat mir meine Dresdner Sekretärin prophezeit, daß ich irgendwann von einem Mann Prügel beziehen werde. Vielleicht erfüllt sich das hier.

Vor einigen Tagen habe ich nachts einen Raketentransport gesehen. Pershings, die jetzt hier in der Gegend stationiert werden. Mein Gott, da wird einem ganz anders. Vor allem, wenn man weiß, diese Dinger sind jetzt auf Euch – Dich – gerichtet. Dich sollen die SS 20 behüten und mich die Pershings schützen. Perverser geht es fast nicht mehr. Diesen Rüstungswahnsinn, mit dem sich die Menschheit nun umzubringen anschickt, wird einer, der von Osten nach Westen gezogen ist – natürlich auch der, der in der umgekehrten Richtung wandert –, viel eher begreifen, als wenn man zeitlebens nur eine Seite hört. Bei vielen Zeitungskommentaren brauchte man nur ein knappes Dutzend Vokabeln auszutauschen, da könnten sie hier wie da erscheinen. Unglaublich, wie sich das alles gleicht.
Über meinen Schreibtisch habe ich eine Karikatur aus der »Zeit« gehängt. Darauf sind zwei Tauben mit einem Ölzweig im Schnabel, die schaun sich miesepetrig an. Und darunter steht: »Wenn die im Osten und im Westen lauter so 'ne Pazifisten hätten, am Ende stünden die sich dann wehrlos gegenüber.« Daneben ein Spruch, sozusagen als fortwährende Mahnung: »This day is the first of the rest of my life.« Sich bewußtmachen, daß man nicht ewig lebt, auch nicht unendlich Zeit hat, nur immer älter wird, sondern jeden Tag als unwiederbringlich, mag er nun gut oder schlecht gewesen sein, annehmen. Sich von träger Gewohnheit befreien und wirklich das tun, was einem notwendig und wichtig ist. Du hast mir in dieser Richtung viel beigebracht. Vielleicht, ohne es zu wollen. Dafür danke ich Dir.

Werter Herr Anders,
würde ich schreiben, wenn ich Ihnen schreiben würde, jedesmal wenn Sie vor mir standen, assoziierte mein Gehirn einen Elefanten. Mag sein aus Boshaftigkeit, mag sein Ihrer gewaltigen Gestalt wegen. Die Proportionen von Körper und Kopf schienen nicht zu stimmen. Dazu der behäbige Gang und zwei flinke Äuglein von unbestimmtem Ausdruck.
Nur ein einziges Mal hab ich Sie lächeln sehen. Das war am 8. März. Dem in der DDR auf antiquierte Weise gefeierten Internationalen Frauentag. An diesem Datum binden sich die Männer, insbesondere die Chefs, demonstrativ eine karierte Schürze um und kochen Kaffee. Dann bedienen sie die Frauen, die amüsiert in einer Runde sitzen, mit Kuchen und Blumen. Einmal im Jahr werden die Rollen getauscht. Zur Feier der Emanzipation. Ab 9. März geht dann alles wieder normal.
An diesem Tag kamen Sie, während ich im Vorraum wartete, mit einem kleinen Strauß aus Ihrem Zimmer. Steckten die Nase in die Blumen, ich glaub, es waren Vergißmeinnicht, und kicherten glucksend. Kicherten viel zu hoch für einen so kräftigen Mann. Da hätte eher ein dröhnender Baß gepaßt.
Mich haben Sie nie angelächelt. Obwohl ich es im

späten Stadium unserer Debatten manchmal drauf angelegt habe. Ich muß Ihnen sehr unsympathisch, wenn nicht gar verhaßt gewesen sein. Ich – und die vielen anderen.
Ich habe mir manchmal vorgestellt, wie furchtbar eine Arbeit sein muß, bei der man nur mit Leuten zu tun hat, die einem übelgesinnt sind. Den ganzen Tag nur gegenseitige Anwürfe.
Wie lebt man als Chef einer Abteilung, wo nur hinkommt, wer aus der DDR fortwill? Die Überläufer zum Klassenfeind. Jedenfalls wollen sie die sozialistische Heimat, die Sie lieben, repräsentieren und verteidigen, verlassen.
Als ich Sie das erste Mal sah, saßen wir zu viert im Zimmer. Mein Mann und ich, dazu ein Angestellter, der uns biographische Daten abfragte. Sie spielten den Unbeteiligten, saßen an einem abseits stehenden Schreibtisch und schrieben Zahlen auf ein Blatt Papier, radierten sie dann wieder weg und schrieben neue hin. Wir waren vorgeladen, um zu unserem Antrag auf Übersiedlung nach Westdeutschland »Stellung zu nehmen«, wie es im Funktionärsdeutsch hieß. Obwohl Sie nur mit Ihren Zahlen beschäftigt waren, spürte ich deutlich, daß Sie genau zuhörten. Als ich unsere Begründung aufsagte, hoben Sie sekundenlang den Kopf, und unsere Blicke trafen sich. Vielleicht auch nur für einen Bruchteil einer Sekunde, denn Sie wandten sich sofort wieder Ihren Zahlen zu und radierten weiter. Während wir auf die Fragen Ihres Kollegen antworteten, hatte ich den unbestimmten Eindruck, daß Sie der eigentliche Mann bei dem Gespräch seien. Denn Ihre Konzentration schien mehr als Neugier.

Was diese erste Runde, bei der nur Nebensächlichkeiten beredet wurden, für einen Sinn hatte, weiß ich bis heute nicht. Vielleicht, uns zu verunsichern. Denn wenn wir alles erwartet hatten, auf ein so nichtssagendes und betont höfliches Geplänkel, wo nur der dritte Vorname meiner Schwiegermutter und die Berufsausbildung eines Großvaters interessierten, waren wir nicht vorbereitet. Das sei erforderlich, um unseren Antrag zu bearbeiten, hieß es. Kein Wort von ungesetzlich. Kein Wort von abgelehnt. Von anderen hatten wir anderes gehört. Vielleicht aber, und das glaube ich jetzt am ehesten, wollten Sie uns nur mal anschauen. Sich ein Bild davon machen, wie man mit einer Journalistin, die in Gesprächsführung geschult ist, die weiß, was indirekte und was Suggestivfragen sind, am besten und geschicktesten umgeht.
Beim nächsten Gespräch saßen Sie dann an der Stirnseite des Tisches und stellten sich, immer noch unverändert höflich und korrekt, als Leiter der Abteilung vor. Gäste waren außerdem Vertreter unserer Betriebe, Chefs und Funktionäre. War, was jetzt kam, Pflichtübung oder Attacke? Mit sanfter, salbungsvoller Stimme sprachen Sie, Herr Anders, auf uns ein. Ich glaube, Sie sagten sogar »liebes Ehepaar Reuter«. Richtig wie ein Standesbeamter oder Pfarrer. Unversehens aber schlug der Klang um, wurden Sie polternd, wurde Ihre Stimme schneidend und scharf. Worte wie »Verrat an der DDR« wurden in den Raum geschleudert. Dann wieder die samtene, lockende Stimme, wir sollten uns doch alles noch mal gründlich überlegen.
Irgendwann waren wir dann dran. Nachdem die

Leute unserer Firmen ihren Abscheu und ihre Distanz gegenüber unserer Entscheidung artikuliert hatten.
Eine Stunde Ringelspiel. Keine Anwürfe, keine ernst zu nehmenden Angriffe, keine Drohungen. Nur, wie furchtbar es uns im Kapitalismus ergehen würde, wo wir unweigerlich unter die Räder kämen, schilderten Sie ausgiebig. Die Fratze des Imperialismus, der alles und jeden und insbesondere uns zermalmen würde. Als Fazit der Stunde gab es dann folgendes: »Wir haben jetzt miteinander geredet. Entweder Sie sagen, Sie wollen aufgrund des Gesprächs noch mal über alles nachdenken. Oder Sie sagen, Sie ziehen Ihren Antrag zurück. Dann werden Ihnen keinerlei Nachteile erwachsen. Oder Sie bleiben stur. Und für diesen Fall muß ich Ihnen sagen: Ihr Antrag ist abgelehnt. Sie brauchen auch keinen weiteren zu stellen. Denn diese Entscheidung ist endgültig.«
Im Nachklang noch eine Rechtsbelehrung: Wir sollten nicht auf die Idee kommen, unser Ansinnen einem Bundesbürger, einer westlichen Institution oder einem internationalen Gremium anzutragen. Damit würden wir sofort mit dem in der DDR gültigen Gesetz kollidieren. Die Entscheidung, wie in einem solchen Fall verfahren werde, liege allein bei den Behörden der DDR. Und an höhere Instanzen brauchten wir uns auch nicht zu wenden. Alle Anträge kämen ohnehin zu Ihnen zurück.
Natürlich haben wir das zweite Gesuch eine Etage höher eingereicht. Ihnen dann einen Durchschlag geschickt. Aber auch ohne den waren Sie bestens informiert, wußten, was die Glocke gerade geschlagen hat. Wußten, daß ich entlassen war, wußten,

daß ich mich geweigert hatte, die Beschäftigung einer Ungelernten anzutreten.
Als Journalist durfte ich nicht mehr arbeiten. Nach Abgabe des Antrags, von dem ich pflichtgemäß den Chefredakteur informiert hatte, wurde ich fristlos entlassen. Gegen jedes Recht und Gesetz. Als ich mich darüber an höchster Stelle beschwerte, wurde die Entlassung rückgängig gemacht und nach Ablauf entsprechender Fristen in eine ordnungsgemäße Kündigung umgewandelt. Die wiederum wurde erst möglich, nachdem ich verschiedene Stellenangebote ausgeschlagen hatte. Stellen als Sachbearbeiter oder in der Materialwirtschaft. Das Arbeitsgesetzbuch wurde jetzt sehr genau genommen.
Recht auf Arbeit hat in der DDR jeder. Auch Leute mit Ausreiseantrag. Aber ich wollte nicht irgendeine Arbeit, ich wollte Journalist sein.
Warum ich denn so bockig sei, fragten meine Chefs, denen die Angelegenheit Verdruß bereitete. Ich müsse doch einsehen: Ein Redakteur einer sozialistischen Zeitung, der ins kapitalistische Lager – zum Klassenfeind – wollte, das könne es nicht geben. Sagte jedenfalls der Chefredakteur, und fügte hinzu: »Ausgerechnet im 35. Jahr unserer Republik.« Ich konnte zwar nicht nachvollziehen, was das eine mit dem anderen zu tun hatte, begriff aber, was es heißt, ein peinlicher Schandfleck zu sein.
Unser Freundeskreis spaltete sich in mehrere Lager: Ein paar sagten, sie könnten es ja verstehen, aber ein Kontakt mit uns ginge nicht mehr. Ein paar sagten, ihnen mache das gar nichts, blieben aber weg. Ein paar sagten, so was sei doch kein Ausweg, und wollten nicht mehr mit uns zusammensein. Ein paar

sagten, eigentlich wollten sie das gleiche, könnten aber nicht wegen ihrem Haus, ihrer Mutter, ihrer Krankheit – und kamen heimlich. Ein paar blieben. Denen erzählten wir dann von Ihnen. Auch daß Sie nie mit einem von uns allein gesprochen haben. Da war immer einer dabei, der manchmal Zwischenfragen stellte oder stumm zuhörte. Trotzdem habe ich nie Angst vor Ihnen gehabt. Vielleicht, weil ich Schlimmes erwartet hatte. Und es jetzt ausblieb. Sie arbeiteten nicht mit Details aus meinem Privatleben, nicht mit bedenklichen Äußerungen, die ich irgendwann irgendwo mal gemacht hatte, nicht mit meinen Kontakten zu mißliebigen Personen. Vielleicht wußten Sie davon zu wenig und konnten sich auch nicht drum kümmern. Denn immer größer wurde die Schlange vor Ihrem Büro, immer mehr kamen mit triumphierendem Lächeln aus dem Zimmer, ein großes, gelbes Blatt in der Hand: die Entlassungsurkunde. Manche haben die sich dann drüben eingerahmt und in den Flur gehängt wie eine Siegestrophäe, und damit jeder gleich Bescheid weiß.
Solche Späße sind Ihnen unverständlich. Sie nehmen Ihre Arbeit ernst. Obwohl die plötzlichen massenhaften Genehmigungen Ihnen zuwider waren. Schon, weil Sie sich dadurch dauernd widersprachen und Leuten, denen Sie vier Wochen zuvor gesagt hatten, es wird nie was, jetzt die Formulare ausfüllen mußten.
Ich weiß nicht, ob Ihre Vorgesetzten Ihnen Gründe für diesen unerwarteten Wandel gesagt haben. Oder ob das nur als Weisung bei Ihnen gelandet ist. Blindes Vertrauen nach oben?
Oder haben Sie manchmal darüber nachgedacht,

was die Leute vor Ihrem Schreibtisch erzählt haben? Warum die alle wegwollten? Waren Sie sich Ihrer Überlegenheit so sicher? Und Ihrer Unantastbarkeit? Oder haben Sie schon mal daran gedacht, wie das wäre, wenn einer aus Verzweiflung oder Haß nach jahrelangem Hinhalten plötzlich abends vor Ihrer Haustür steht . . .?
Waren Sie wirklich davon überzeugt, daß jeder, der von Ihnen in den Westen entlassen wird, dort in sein Unglück rennt? Haben Sie nie Neugier auf das Jenseits der Grenze verspürt? Wie kann man hassen, was man nicht kennt? Aber ohne diesen Haß wäre Ihre Arbeit wohl nicht zu ertragen.
Wäre ich Ihnen auf der Straße begegnet, ich hätte nichts Auffälliges entdecken können. Ein schlechtsitzender grauer Anzug, der an den Knien ausbeulte. Graue Haare, fahler Teint, abgespannte Züge. So liefen Tausende rum. Standen dann abends an der Kaufhalle nach Bier und Sahne an. Halfen ihren Frauen vielleicht noch beim Abwasch oder brachen gleich vor dem Fernseher zusammen.
Ich glaube nicht, daß Sie an den Schicksalen, über die Sie zu verhandeln hatten, Anteil nahmen. Entschieden wurde sowieso einige Instanzen höher. Sie überbrachten nur deren Urteile. Ich habe nie eine Regung bei Ihnen bemerkt. Auch Ihre Freude an Ihrer Macht hielt sich in Grenzen. Wie die Macht eben auch. Unvorstellbar, Sie hemmungslos lachen zu sehen. Oder wie Sie eine Frau umarmen oder bei einer Beerdigung weinen. Ihr Leben ist Distanz und Teilnahmslosigkeit. Was könnte Sie berühren? Wer abstrakten Begriffen nachhängt, verliert die Fähigkeit konkreter Gefühle. Was sind Freude und Traurigkeit,

Zärtlichkeit und Zweifel gegen Klassenkampf und Klassenbewußtsein, Parteilichkeit und Systemtreue? In diesem Panzer steckten Sie gut verborgen. Und ich hab nicht mal Ihre Augenschlitze sehen können.
Vielleicht nehmen Sie die vor Ihnen Sitzenden auch gar nicht wahr, sondern rechneten nur die Summe, einen Gesprächsbericht, allgemeine Tendenzen ab.
Unsere Begründung für den Ausreiseantrag sei kindisch, sagten Sie. Das stimmte. Wir hatten lange danach gesucht, etwas Unverfängliches zu finden, was einen Wahrheitsgehalt hatte, uns aber nicht zu Staatsfeinden machte. Dabei waren wir auf unsere Anträge auf Auslandseinsatz gestoßen. Lange Zeit waren sie für uns die einzige Hoffnung gewesen, wenigstens für ein paar Monate ein Stück nichtsozialistischer Welt zu sehen. Aber sie waren immer abgelehnt worden. Wir waren nicht vertrauenswürdig. Daß wir sie immer wieder erneuerten, längst unserer Erfolglosigkeit gewiß, war eigentlich nur noch boshafte Gewohnheit. Aber jetzt kamen sie wie gerufen, und wir schrieben: »Seit zehn Jahren ist unser dringlichster Wunsch, einmal im Ausland zu arbeiten. Da das für uns in der DDR nicht möglich ist, wollen wir es jetzt von der Bundesrepublik aus versuchen.«
Je dümmer eine Begründung, desto schwieriger ist es, sie zu widerlegen. Ihnen blieb nur ein Verweis darauf, daß man auch im Westen viele an den Grenzen zurückschickt und daß wir einfältig und voller Illusionen seien. Dazu brauchten wir dann nur die Achseln zu zucken.
Wir waren undankbare Partner, haben viel geschwiegen, kaum widersprochen, nie provoziert. Wir haben

eben unsere Meinung und Sie eine andere, wir werden uns nicht gegenseitig überzeugen. Das war unsere Grundformel, die wir beständig wiederholten. Irgendwann waren Sie es müde. Gaben mir bloß noch ein paar böse Orakel mit auf den Weg: »Keiner läßt Sie dort wieder in Ihrem Beruf arbeiten.« Und: »Als erstes werden Sie Ihre ehemaligen Kollegen überfallen und fragen, was Sie sich in einem freien Land erhoffen.«
Sie haben wirklich »freies Land« gesagt. Allerdings kann man Anführungszeichen schlecht mitsprechen. Schließlich die düstere Prophezeiung: »Sie werden die DDR verraten«. Stimmt, denn in Ihren Augen müssen schon diese Erinnerungen Verrat sein.
20 000 haben im März und April 1984 die DDR verlassen. Hunderte aus Dresden. Dutzende aus dem Stadtbezirk Süd. Sie werden sich nicht an mich erinnern. Und wenn, dann nur mit Gleichgültigkeit und Unwillen. So, wie man sich an eine Küchenschabe erinnert, die Richtung Mülleimer lief. Uninteressant, ob die sich jetzt auf einer großen Deponie kugelrund frißt oder längst zertreten ist.
Der Klassenkampf geht weiter. Und Sie müssen heute abend noch zwei Berichte schreiben. Denn die Leute werden nicht klüger, sondern wollen immer noch in den Westen. Sie selbst werden nie arbeitslos sein. Aber auch nie befriedigt.
Ich sollte Ihnen wenigstens eine Ansichtskarte schikken. Mit dem blauen Himmel von Italien oder aus Paris.

Liebe Susanne,
Euer Sommerfest im Garten war schön. Auch wenn ich mich immer noch nicht daran gewöhnt habe, zu so was allein zu gehen. Zwischen lauter Ehepaaren komme ich mir manchmal verloren vor.
Ungewohnt war auch, plötzlich wieder unter so vielen Ex-Dresdnern zu sein. Bis auf eine Familie aus dem Nachbarhaus kamen, soweit ich das richtig mitgekriegt habe, alle aus der DDR. Wie unterschiedlich die sich hier eingerichtet haben, war natürlich interessant. Mentalität ist da entscheidender als Zeitdauer. Während einige behaupteten, was in der DDR war, fast alles vergessen zu haben, hat mir Christoph erzählt, er baue sich jetzt ein Haus im gleichen Grundriß, wie es sein altes in Dresden hatte. Dann könne er diesen Schrank und jenen Tisch wieder genauso stellen wie zu Hause. »Zu Hause« nennt er nach sieben Jahren immer noch Dresden. Das andere Extrem war Klaus mit seinen coolen Sprüchen wie: »Ein Jahr darf jeder, der hierherkommt, seine Erinnerungen pflegen, dann muß er sich das DDR-Gefasel abgewöhnt haben.« Für ihn mag das sogar zutreffen. Er ist ein Typ, der sich nicht umschaut, der genau weiß, was er will, und das nur vorn sucht. Ob seine Frau damit auch glücklich ist, bin ich mir nicht so sicher.

Ich glaube, die meisten unterhalten sich, zumal in solchem Kreis, ganz gern über DDR-Geschichten. Und sei es nur, um sich beschwörend vorzusprechen, daß es einem doch hier viel besser geht, daß hier alles viel besser ist. Dieses unendliche Aufzählen von DDR-Problemen, die man hier natürlich nicht mehr hat, läßt manchmal aber den Verdacht aufkommen, daß damit nur andere, jetzige Sorgen verdrängt werden.
Ein anderer Grund für die Beliebtheit des Themas liegt wohl darin, daß es bei allen die abenteuerlichste Veränderung im Leben birgt. Selbst wenn man so verhältnismäßig unspektakulär wir wir mit Ausreiseantrag weg ist, war es doch ein Mutsprung mit geschlossenen Augen. Ein Fallenlassen ins Nichts, jedenfalls ohne Gewißheit, wo und wie man landet. Irgendwo findet darin jeder sein Stückchen Heldentum. Das ist auch gut so.
Bedenklich finde ich nur die unterschwellige Überheblichkeit , daß die Menschen im Osten dümmer als die im Westen sein müssen. Sicher liegt die Versuchung, das so zu sehen, nahe. Weil hier eben mit moderneren Geräten, besseren Technologien, eleganteren Designs, beweglicheren Methoden gearbeitet wird. Aber das ist doch nur der Ausdruck dafür, daß das hiesige System effektiver ist. Derjenige, der vor seinem Computer hockt, hat ihn ebensowenig erfunden wie die Hausfrau ihre Geschirrspülmaschine. Wir haben das meiste davon vor ein paar Monaten doch noch genauso angestaunt, genauso wie die Erdbeeren im März und die Rosen im Dezember. Was wir gewonnen haben, sind Einsichten, Erfahrungen, Perspektiven, aber doch nicht Intelli-

genz. Geist und Denken werden im Osten vielleicht sogar mehr trainiert als hier. Sie werden nur auf eine andere Art herausgefordert, haben dort mit Einengungen und Reglementierungen zu kämpfen, wie hier eben mit Markt und Konkurrenz. Man verbraucht in der DDR die Kraft an den falschen Stellen. Das ist alles.

Da so viele Leute unter Euren Lampions saßen, konnten wir uns ja nur wenig unterhalten. Ich glaub', ich hab Dir nicht mal erzählt, daß ich vorige Woche in Bonn war, so eine durchorganisierte Bildungsfahrt mit einer Gruppe.

Ich hatte mir Bonn eigentlich wie Klein-Manhattan vorgestellt. Aber es ist nur eine mittelelegante Bäderstadt mit alter Universität und jetzt unnatürlich aufgepfropft durch den Sitz der Regierung und die vielen Botschaften.

Zum Programm der zweitägigen Reise gehörte eine Bundestagsbesichtigung, von der man den irritierenden Eindruck mitnahm, daß im Plenarsaal vorn einer redet und die übrigen kommen und gehen und unterhalten sich davon unberührt. Die Reiseleiterin fühlte sich verpflichtet, fortwährend zu versichern, daß die entscheidenden Debatten natürlich vorher in den verschiedenden Gremien und Ausschüssen stattgefunden hätten.

Dann gab es noch eine Fragestunde mit Abgeordneten. Was und wie man da gefragt hat, da hab ich allerdings gestaunt. Ich habe solche Runden in der DDR auch erlebt. Falls der Zorn überläuft, fragt man einen Abgeordneten, warum es im Haus nach fünf Jahren immer noch reinregnet, und wann denn nun endlich, wie zur letzten Wahl versprochen, die Repa-

ratur des Daches eingeplant würde. Oder warum das mit den Ersatzteilen nicht klappt, warum die Neubaugebiete wie Steinwüsten aussehen. Aber politische Grundsätze und Entscheidungen ernsthaft zu kritisieren, so was geht mutigstenfalls als Frage kaschiert. Hier in Bonn wurde dem Abgeordneten aber gleich als erstes gesagt, daß man die hochbezahlte Pensionierung von 40jährigen Bundeswehrgeneralen angesichts der zwei Millionen Arbeitslosen für unmoralisch, d. h. für eine Sauerei halte.
Es ist erfrischend, wie die Leute hier mit den Politikern umgehen. Einfach aus der Selbstverständlichkeit heraus, daß die von ihnen gewählten Personen für sie dazusein haben – und nicht umgedreht. Keine Spur einer Verunsicherung, daß aufmüpfige Fragen Ärger bringen könnten. Das ist wie warmer Regen und für mich so viel wichtiger als sieben Sorten Zahnpasta auf dem Markt und bunte schnelle Autos oder was DDR-Leute bei ihren Besuchen hier sonst noch bewundern.
Daß man in Bonn dennoch die umherlaufenden Spitzenpolitiker wie Filmstars anstarrte, ist klar. Aus Fernsehen und Presse bekannte Köpfe hat man nun mal gern in Anfaß-Nähe.
Was mir immer mehr auffällt, ist die unterschiedliche Sprache von Ost und West. Nicht nur, daß man hier statt Plaste Plastik sagt und Leitungs- anstelle von Führungsstil, es gibt tatsächlich Vokabeln, die kennt man nur auf der einen Seite. Durch Amerika-Kult und Computer dringen immer mehr Anglismen ins West-Deutsch. Dagegen gibt es sozialistische Wortschöpfungen, zum Teil Wort-Monster, die hier noch keiner

gehört hat: Kinderkombination*, Gegenplan, Brigadier, Neuererwesen, Schichtkollektiv, Kombinat . . . Ich glaube nicht, daß solche hölzernen Begriffe im Westen Furore machen könnten. Die Sensibilität gegenüber der Sprache ist hier größer. Das siehst Du an jeder Zeitung. Selbst in denen, wo nur Mist drinsteht, ist der immer noch elegant formuliert. Bringt das erstarrte System des Sozialismus auch eine erstarrte Sprache hervor?
Hier dagegen macht man sogar Worte schlank und schick. Daß Dir der Redakteur des »Abendblattes« mangelnde Sprachphantasie vorgeworfen hat, solltest Du nicht so ernst nehmen. Worterfindungen und putzige Formulierungen sind sicher neckisch, machen aber nicht den Wert einer Rezension aus. Manche Kritiken sind bloß noch eitle Artistik des Rezensenten. Die »Süddeutsche Zeitung« liegt Dir sicher mehr. Irgendwo macht der liebe Gott immer ein Hintertürchen auf – das hat mir der Chefredakteur aus Ulm mit auf den Weg gegeben.

* Verbindung von Kindergarten und Kinderkrippe.

Lieber Herbert!
Ein Satz von Dir hat mich lange beschäftigt. In einer Runde sagtest Du, ich sei eine Frau, der man anmerkt, daß sie noch nichts Schlimmes durchstehen mußte.
Das ist richtig und gilt immer noch.
Das bisher Schlimmste war der Tod meines Vaters, den ich sehr geliebt habe und der bis dahin mein Leitbild und Beschützer gewesen war. Und eben jetzt dieser Einschnitt. Die Trennung von all denen, die ich gern gehabt habe.
Das sind zwar schmerzliche Verluste, aber keine niederdrückenden. Daß man allein dasitzt und nicht weiß, ob und wie es weitergeht, solche Situationen habe ich immer noch nicht kennengelernt. Auch hier nicht. Wo wir ja mit nichts und am Punkt Null begonnen haben.
Hartmuts Abreise in den Irak war zwar ein Schlag, aber keiner, der mich in die Knie getrieben hätte. Mein Leben als Alleinstehende verläuft sehr friedvoll. Etwas wenig Schlaf, wenig Zeit und wenig Ordnung im Haushalt.
Eine Bekannte hat mir ein Buch über Tierkreiszeichen und die damit verbundenen Eigenschaften geliehen. »Astrologie sonnenklar« von einer Linda Goodman. Das ist nicht nur eine unterhaltende Lek-

türe, sondern birgt Wahrheiten, über die ich gestaunt habe. In ihren Charakteristiken habe ich viele Leute wiedererkannt. Über die Stierfrau schreibt sie, daß sie kaum zu erschüttern sei. Je mehr sie belastet wird, desto mehr Kräfte wachsen ihr. Vielleicht stimmt's. Oder man muß bloß dran glauben, dann stimmt es. Vielleicht hatten wir auch besonderes Glück.
Im »Spiegel« wurde jetzt geschätzt, daß die Leute, die mit der Ausreisewelle, also die Zehntausende im März und April, hierhergekommen sind, schnell Fuß gefaßt haben. Auch weil das meist gut ausgebildete, besonnene und selbstsichere Leute seien. Die zuvor kamen, in einem Schlauchboot oder im Luftballon oder im Kofferraum eines Autos, verkörperten mehr den leichtsinnigen Abenteurertyp oder seien Querulanten. Und die haben es auch hier schwer. Viele hätten das politische System in der DDR für ihre persönliche Misere verantwortlich gemacht. Hier dann aber die gleiche Misere wiedererlebt.
Die zuletzt Gekommenen seien eine gute Mischung aus Organisationstalent und Genügsamkeit. Ihr ganzes Sinnen und Trachten sei auf Existenzgründung ausgerichtet. Da bliebe auch keine Zeit mehr für politisches Engagement. Und wenn sie wählten, dann CDU. – Stimmt alles. Nur habe ich nicht die CDU gewählt.
In dem Artikel stand aber auch, wie viele Akademiker es schwer haben, hier Anschluß zu finden. Besonders Richter, Ökonomen und EDV-Leute*. Deren Ausbildung sei vom hiesigen System weit weg. Ein DDR-

* Elektronische Datenverarbeitung.

Datenverarbeiter mit Hochschulabschluß wird hier von jedem Studenten überrundet. Und sozialistisches Recht ist auch nicht gefragt. Bleibt nur, umzuschulen und von vorn zu beginnen.
Bei Hartmut war es ähnlich. Einen Tiefbauingenieur will keiner. Davon haben sie genug. Und Straßen werden sowieso nicht mehr viel gebaut. Also bleibt nur die Verwaltung. Denn das Consulting war eine Pleite. Einmal die Arbeit dort, auf einer, wie er schreibt, chaotischen Baustelle. Sozialismus nach arabischen Spielregeln muß ein noch heftigeres Durcheinander hervorbringen, als wir es von zu Hause gewohnt sind. Zum anderen hat ihn die Trennung von der Familie sehr belastet.
Als sich bei seinen hier noch laufenden Bewerbungen plötzlich was regte, hab' ich probiert, ob sich da was machen läßt. Und hab' unglaubliches Glück gehabt, an einen Partner zu geraten, der Hartmut allein aufgrund der Unterlagen nimmt. Ohne ihn gesehen zu haben.
Wenn die Hoffnung zu Ende ist, passieren Wunder.
Der Mann meinte nur, daß er sich noch bei der Sicherheit absichern müßte. Weil wir doch erst so kurze Zeit hier seien.
Wie so was konkret abläuft, weiß ich nicht. Aber keiner hat in der Nachbarschaft nachgefragt, ob ich Herrenbesuch empfange, die Fahne raushänge, wenn es gewünscht wird, und wie und wo ich diskutiere. Das interessiert hier keinen. Und wenn, dann weiß der Computer längst Bescheid. Nach 48 Studen kam das Okay.
Ich weiß nicht, ob Du mal Orwells »1984« gelesen hast. Schicken darf man das nicht. Der DDR-Zoll hat

sogar Willy Brandts Memoiren zurückgehen lassen. Weil sie seinen Bestimmungen widersprächen. Keine Ahnung, was ihnen entspricht. Es scheint, als habe Orwells Prognose beide Systeme zu gleichen Teilen überkommen. Darin ergänzen sie sich. Totale Vercomputerisierung hier, Ausschaltung aller Vergleichsmöglichkeiten dort. Es kann einem schon Angst werden auf dieser Welt. Überall.

Zur Zeit probieren vor unserer Haustür die Amerikaner den dritten Weltkrieg. Schlimm, wie sich die Bilder gleichen. Panzerkolonnen und bis an die Zähne bewaffnete Soldaten. Mit schweren Kettenfahrzeugen und Vollgas preschen sie durch die Stadt zum Verladebahnhof, leere Cola-Büchsen hinter sich schmeißend.

Und jede Seite behauptet, das sei nötig, um den Frieden zu sichern.

Das einzige, worin man der DDR voraus ist: Hier wird über diese Dinge geredet. In der Zeitung liest Du Kommentare, die dieses Säbelrasseln zum Kotzen finden. Aber auch solche, die es euphorisch begrüßen. Das Spiel der Kräfte wird offen ausgetragen. Daran knüpfe ich Hoffnungen.

Geringe zwar. Aber immerhin Hoffnungen . . .

Du schreibst, daß Dein neues Buch nicht erscheinen wird. Um ein Jahr verschoben, das heißt, auf Eis gelegt. Das belastet natürlich. Aber da, wo Du lebst, mußt Du mit diesen Dingen leben. Ohne groß darunter zu leiden. Von Volker Braun zum Beispiel weiß ich, daß sein Drama »Die Kipper« fast zehn Jahre brauchte, ehe es auf eine Bühne durfte. Und dann nur auf eine kleine in einer kleinen Stadt.

Wenn Du solche Bewegung auslöst, spricht das doch

für Deine Arbeit. Von dem, was Du uns vorgelesen und erzählt hast, erwarte ich auch einiges. Wenn es wirklich gut ist, ist es das auch noch in zwei, drei Jahren. Ich kann Dir nur Rückgrat, Geduld und Glück wünschen!
Es ist schon wichtig, daß Leute wie Du da sind. Daß Bücher entstehen, die andere wach halten oder es wenigstens versuchen. Ich sage das mit schlechtem Gewissen, weil ich mich dieser Situation ja entzogen habe. Aber von dem, was ich hier schreibe, habe ich eben auch (wieder) die törichte Vorstellung, es könnte Menschen informierter und klüger machen.
Wir hatten zu wenig Gelegenheit, uns genauer kennenzulernen. Ich wüßte noch vieles, über das ich mich gern mit Dir beraten oder austauschen würde. Zwei Jahre waren zu wenig.
Vielleicht wächst in mir auch die Sentimentalität, weil mir Dresden verschlossen bleibt. Wer in dieser Stadt geboren und aufgewachsen, also von ihr geprägt ist, kommt davon nicht wieder los. Ganz gleich, wo er lebt. Und dann klammert man sich an alles, was mit der Stadt in Beziehung steht. Was mir fehlt, sind die Menschen, die geistige Partner waren, und ein paar Stücke barocker Architektur. Die Hofkirche zum Beispiel, der Blick über die Elbe, die Ruine der Frauenkirche.
Wie geht es eigentlich meiner Grünpflanze? Falls Du sie nicht zu Tode gepflegt hast, grüß sie von mir. Vielleicht erinnert sie sich und wird, wenn ich Euch später mal besuchen darf, vor Freude mit den Blättern wedeln.
Ich habe das Vierteljahr ohne Hartmut dazu benutzt, ganz persönlichen Neigungen nachzugehen. Daß da

plötzlich keiner mehr war, der auf mich aufpaßte, mich dämpfte, mir sagte, das geht nicht, das ist zu gefährlich, hat dazu geführt, daß ich meine Freude am Risiko in dieser Zeit ein bißchen ausgelebt habe. Das war nicht schlecht. Schön ist aber auch, daß er in zwei Wochen wieder hiersein wird.

Diesen Sommer also brauchte ich einen Urlaub, der nicht viel kosten durfte, attraktiv sein sollte und in dem sich meine Interessen mit denen der Kinder deckten.

Es ergab sich eine unerwartete Gelegenheit. In unserem Städtchen gastierte ein Ableger des alten Zirkus »Renz«. Ich hab' die übliche Rezension geschrieben, bin dann aber mit der Chefin in ein intensiveres Gespräch gekommen. Und wurde eingeladen, ein paar Tage mitzufahren. Einmal, weil sie gemerkt hat, daß mein Interesse echt ist, zum anderen der zu erwartenden Publicity wegen. (Jeder Journalist muß als Verbündeter gewonnen werden, denn die Presse ist ein Teil ihrer Werbung.)

Also Zirkus-Urlaub mit Schlafsack im Wohnwagen und Familienanschluß. Stephan und Tine waren begeistert und haben sich die Vorstellung täglich zweimal angesehen.

Gleich am ersten Tag hat mir der Direktor in Gegenwart seiner Frau gesagt, daß er hin und wieder mit anderen schlafe, sich aber nie, nie scheiden lassen würde. Familie sei heilig.

Der Zirkus bestand aus Chef und Chefin und deren vier Kindern im Alter zwischen 16 und 30. Dazu Schwiegersöhne und -töchter. Ein Familienbetrieb, wie ich ihn nur aus alten Filmen kannte. Jeder bringt drei bis vier Nummern, darunter auch ausgefallene.

Als große Renz-Sensation wurde eine angekündigt, die sie in einer alten Wochenschau gefunden und neu aufgearbeitet hatten: »Reck zu Pferde«. Auf drei parallel trabenden Schecken stehen die beiden Renz-Söhne und halten eine Reckstange auf den Schultern. Daran turnt dann ihre 16jährige Schwester Laila. Außerdem gab es Seiltanz, Kautschuk-Nummern, Elefanten, Pferde, Messerwerfen, Feuerspucken. Alles von einer Handvoll Leute.
Eine Schwiegertochter trug den Arm in Gips. Sie war drei Wochen vorher vom Trapez aus sechs Metern Höhe abgestürzt. Das wäre dann noch eine Nummer mehr gewesen.
Man müßte mal Absolventen einer sozialistischen Artistenschule in einen solchen Betrieb zum Praktikum schicken. Die würden staunen. Nichts mit stundenlangem Training und danach in einen Bademantel hüllen. Geübt wird nur im Winter, außerhalb der Saison. Da werden auch die neuen Nummern aufgebaut. Im Sommer gibt es keine Pausen.
Nach der Vorführung beginnt die Arbeit. Da werden die Tiere versorgt, die Autos repariert, Kostüme genäht, Plakate geklebt, da wird gekocht, gewaschen, geputzt und alle zehn Tage das Viermastzelt auf- und abgebaut. Jeder muß alles machen. Bis auf ein paar Stallburschen, die häufig wechseln, gibt es keine Angestellten. Der Direktor ist Werbemanager, Buchhalter, Hufschmied, Kalkulator zugleich. Artist natürlich auch noch.
Meine erste Nacht im Wohnwagen: Nach ein paar Stunden wachte ich auf, weil ein Vampir neben meinem Bett stand. Die Arme über dem Kopf gehoben, die Finger auseinandergespreizt. So kam er langsam

auf mich zu. Da er das Fenster im Rücken hatte, konnte ich nicht sehen, ob es einer vom Zirkus war, der mir kaum was tun würde, oder ein Verrückter von der Straße. Aber ich konnte ja nicht groß quieken, denn Stephan und Tine schliefen im gleichen Abteil. Ich habe mich nur langsam aufgerichtet, um dem Mann zu signalisieren, daß ich wach und auch bereit bin, ihm mit den Fingernägeln ins Gesicht zu fahren. Er verharrte wirklich in der Bewegung. Und ich hab ihn betont friedlich angesprochen: »Na, mein Junge, jetzt könntest du eigentlich wieder gehen.«
Darauf der Vampir, ganz verstört: »Um Gottes willen, Sie sind das? Sonst schläft doch Elke hier?!«
Er entschuldigte sich hastig und versicherte glaubhaft, daß er nur jenes Mädchen, das momentan im Stall helfe und dauernd Grusel- und Vampirgeschichten lese, ein bißchen erschrecken wollte. Und ich solle doch schön weiter schlafen.
Am nächsten Morgen hab' ich dann geholfen, Handzettel in den amerikanischen Siedlungen, dort wo die Frauen der Soldaten wohnen, zu verteilen. Dann Life-Werbung in der Fußgängerzone. Scheußlich angemalt im Clownsanzug, dazu die Mädchen in ihren knappen Kostümen und zwei Elefanten, die Handstand machten und sich von den Passanten füttern ließen. Hintendrein lief ein Stallbursche mit Schubkarre und Schaufel und machte alles, was die Elefanten zwischendurch machten, wieder weg.
Die zehn Tage beim Zirkus waren schön. Der Einblick in das Betriebs- und Familiengeschehen hat auch meinen Respekt wachsen lassen. Ich glaub', diese Leute leben intensiver und ehrlicher als wir »normalen« Bürger. Mehrmals am Tag müssen sie sich ver-

wandeln. Zehn Minuten Märchenprinz, bestaunt als Dompteur in weißer Livree, eine halbe Stunde später nur noch Pferde schrubbender Cowboy in löchrigen Jeans. Jeden Tag können sie sich das Genick brechen. Jeden Tag müssen sie darum bangen, daß genügend Zuschauer kommen. Überall sind sie Fremde, haben nie Nachbarn, werden als Zigeuner bezeichnet, müssen schmeichelnd Behörden und Ämter umwerben, sonst vermietet ihnen keiner einen Platz oder nur zu einem unverschämten Preis.
Das verbindet. Läßt die Familie, die zugleich das Geschäft darstellt, zusammenhalten. Und auch unter ihresgleichen heiraten. Man weiß da besser, was einen erwartet. Das erspart Enttäuschungen und Irrtümer. Artistenfamilien sind Dynastien wie Königshäuser.
Zirkus-Romantik gibt es trotzdem noch. Nur nicht so wie in Schlagertexten.
Nach einer Woche weißt du, welche Musik zu welchem Auftritt gehört. »Dshingis-Khan« zur »tollkühnen Reiterei«, »Bonanza« zur Wildwestnummer, »Strangers in the Night« zum Kautschuk. Harry hat alles passend rausgesucht. Auch er stammt aus einer alten Artistenfamilie und ist in seiner Jugend mit dem Motorrad auf dem Hochseil aufgetreten. Das war seine schönste Zeit. Auch, weil er viermal soviel wie sein Vater damit verdiente. Später ist ihm dann seine Frau davongelaufen. Er war Busfahrer und ist jetzt endlich wieder zum Zirkus heimgekehrt. Für Kost, Logis und ein wenig Geld legt er die Kassetten ein und macht den elektronischen Trommelwirbel. Unter seinem Bett im Wohnwagen schläft eine Pythonschlange. Die hat einer dem Zirkus geschenkt, der

nach Amerika ist. Manchmal läßt sie sich von Harry streicheln.
Neben dem Zirkuszelt stand noch ein zweites: ein Missionszelt. Dort versuchte ein Evangelist Massenbekehrung. Rhetorisch begabt und mit genügend Kenntnis von Show und Wirkung, hatte er viel Zuspruch. Auch die Stallburschen vom Zirkus, die vom Evangelium wohl zum ersten Mal hörten, kamen abends in sein Zelt. Zirkus hatten sie ja immer. Einer ließ sich nach ein paar Tagen taufen.
Dazu der Missionar: »Es ist leichter, tausend Arme zu Jesus zu führen, als einen Millionär.« Er hatte damit Erfahrung auf vier Erdteilen.
Zwischen den beiden Zelten gab es keine Konkurrenz. Jedes hatte sein Publikum. Bis auf den Sonntagmorgen. Da hielten die von der Straßenmission ihren Gottesdienst in dem viel größeren Zirkuszelt ab. Und es war voll.
Hier geht so vieles, was in der DDR unmöglich ist. Noch immer passiert es mir, daß ich staune. Sicher ist manches auch Show. Manchmal der Effekt größer als die Sache. Aber das macht alles so bunt, so lebendig. Es fehlt das graue Gleichmaß.
Die Frage, welcher der beiden deutschen Staaten der bessere ist, kann ich manchmal ganz schnell, manchmal auch gar nicht beantworten. Aber ich habe unsere Entscheidung, hierherzuziehen, noch nie bereut. Vielleicht ist das eine eindeutige Aussage.
Man kann sich verdammt schnell an das Leben hier gewöhnen. An den Luxus, die Großzügigkeit, die Gelassenheit. Gelassenheit in jeder Hinsicht. Du kannst hier vor die Hunde gehen. Das erschüttert keinen. Du kannst jedem erzählen, daß du Kohl oder

Geißler für eine Pfeife hältst. Das interessiert auch keinen. Sie selber sicher auch nicht. Denn es ändert ja nichts an ihrem Status, wie du sie findest.
Ein wenig davon täte der DDR schon gut. Wenn du dort eine persönliche Abneigung gegenüber einem Spitzenpolitiker äußerst, hat das sofort den Geruch der Staatsverleumdung. Denn die sind unantastbar und prinzipiell alle gut. Vom Volke gewählt. Naja.
Wobei ich dem Staatsratsvorsitzenden – indem ich das lange nicht mehr benutzte Wort schreibe, merke ich wieder, wie blödsinnig diese Titelei doch ist; und in keiner Meldung, auch wenn sie nur zwei Sätze umfaßt, darf die Aufzählung der Ämter, die doch sowieso jeder kennt, fehlen; das hat schon was von einem Hofzeremoniell – also ich wünsche Honecker ehrlichen Herzens ein langes Leben. Denn er ist in jedem Falle besser und umsichtiger als sein Nachfolger. Er kommt noch aus der Generation, die für ihre Überzeugung gelitten und gekämpft hat. Manchmal auch mit Christen zusammen. Wenn aber erst die nachrücken, die ihr Leben lang nur Funktionär waren, die überhaupt nicht mehr wissen, wie der Alltag aussieht? Denn wo sie hinkommen, wird sofort der Teppich ausgerollt, der Betrieb aufgeräumt und der Erfolgsbericht verlesen. Und wie das Leben zu sein hat, kennen sie nur aus Schule, Schulung und Schulbüchern. Wenn ich an die denke, kriege ich eine Gänsehaut.
Ich habe hier noch nicht viel Gelegenheit gehabt, Schriftsteller näher kennenzulernen, zu erfahren, was ihre Probleme beim Schreiben sind. Kriterien für das Verlegen eines Buches werden weniger ideologischer als vielmehr kommerzieller Natur sein. Abstriche bringt beides.

Kunst bewegt sich hier auf vielen Ebenen. Hochgeistig und elitär genauso wie primitiv und billig. Es gibt kein Bedürfnis, das nicht befriedigt wird.
Was der DDR-Szene erfreulich verwandt ist, ist das Kabarett. Schnelle und gewitzte Denker, die gegen Volksverdummung antreten. Und gegen Feindbilder. Oft denke ich: Das hast du doch schon mal gehört? Nur die Seiten sind vertauscht. Vielleicht sind wir uns doch nicht so fremd, wie uns eingeredet wird.

Liebe Sonja,
wenn ich mich je gefragt haben sollte, ob die Entscheidung, hierherzuziehen, richtig war, wenn ich vergessen habe, warum, oder wenn sentimentale Heimatgefühle – Du mußt nicht denken, daß ich die nicht habe – hochkommen, wenn also Zweifel nagen, dann weiß ich nach Deinem Brief um so genauer, wie wichtig und richtig dieser Schritt für mich war. Wohlgemerkt: für mich. Ich kann nicht für andere sprechen und will das auch nicht. Mich hat sehr verwundert, wieso Du Dich in Deinem Brief rechtfertigst, daß Du in der DDR bleiben willst. *So* war die Frage nach dem »je verstehen können« nicht gemeint. Du hast ja das Glück, die Zufälligkeit, Gesetzmäßigkeit, oder was auch immer, einer kommunistischen Weltanschauung. Da wäre es doch paradox, ein kommunistisches Land bzw. eines, das sich als solches verstanden wissen will, zu verlassen. Wenn Du gingst, wer sollte denn da noch bleiben?!
Ich habe mich eine Zeitlang, so während des Studiums und das erste Jahr danach, mit den marxistischen Ideen sehr beschäftigt. Vielleicht sogar mit dem Gedanken gespielt, in Eure Partei einzutreten. Aber das war eben nur die Theorie. Und die finde ich auch heute noch ganz gut.
In den Jahren danach, der Praxis bei der Zeitung und

in meiner Blockpartei, kamen aber immer mehr Zweifel, ob das denn wirklich der alleinige Weg sei. Alles, was wir mal gelernt hatten – Widersprüche als Triebkraft der Entwicklung –, verkehrte sich auf groteske Weise in sein Gegenteil. Marx würde sich im Grabe rumdrehen.
Deine Hoffnung, daß man da etwas ändern könnte und sollte, die habe ich lange geteilt. Aber irgendwann aufgegeben. Um etwas ändern zu können, müßtest Du ja erst mal Deine Meinung offen und ehrlich sagen dürfen. Aber genau das machst Du eben nicht. Wie ich es auch nicht getan habe, weil man weiß, wie sehr das übelgenommen wird. Spürst Du denn nicht, mit wieviel Lüge um Dich herum Du eigentlich lebst? Wenn Du die Zeitung aufschlägst, die Du ja selbst mitmachst, dann liest Du nur von erfolgreichen, glücklichen Menschen, deren einziges Lebensziel die Produktionserfolge im Klassenkampf gegen den Kapitalismus sind. Wenn Du dann in einen Betrieb kommst oder im Konsum, in der Straßenbahn oder sonstwo mit den Leuten sprichst (natürlich nicht als Journalist einer SED-Zeitung, sondern einfach so), was die Dir dann erzählen . . .
Du bist in einer Familie aufgewachen, wo nie am Erfolg des Kommunismus gezweifelt wurde. Du hast Dich zeit Deines Lebens hauptsächlich in Kreisen bewegt, wo das, wenigstens offiziell, genauso war. Leute, die an Gott glauben, waren für Dich Spinner oder altmodisch, und Leute, die gegen die Regierung waren, hatten was Gefährliches. Natürlich kann man in der DDR leben. Aber du lebst dort anders, wenn du Christ bist oder wenn du offen sagst, daß du gegen die Stationierung jeder Sorte Raketen bist, wenn du

fragst, ob eine sozialistische Bombe anders funktioniert als eine kapitalistische.
Ich weiß, Du hältst das alles für bürgerliches Geschwätz, für Demagogie, die vom Eigentlichen ablenkt. Nur – für mich gehört das zum Eigentlichen. Und was für mich in der DDR sehr wichtig war, nämlich Leute mit verschiedenen politischen Ansichten und Haltungen kennenzulernen, das versuche ich auch hier wieder. Unter meinen Bekannten ist einer, der in der CDU sehr engagiert ist, genauso wie einer, der eine Perle im Ohr trägt und eine FDJ-Fahne in seinem Zimmer aufgehängt hat. Mich interessieren Menschen, Charaktere, Lebensformen, und ich akzeptiere jeden, gleich welcher Partei er angehört. Er muß nur bereit zur Toleranz sein, d. h auch andere Ansichten neben seiner eigenen gelten zu lassen.
Natürlich weiß ich sehr gut, daß es ein ideales Regime nicht gibt, vermutlich nirgendwo auf der Welt. Und ich würde auch nie versuchen, Dir weiszumachen, daß die Bundesrepublik ein Traumland sei. Hier gibt es viele Schattenseiten, soziale Ungerechtigkeiten, dazu üblen Schmutz. Die bürgerliche Freiheit hat auch ihre Grenzen, aber sie ist das Großzügigste, was ich bisher kennengelernt habe. Schon daß du dich artikulieren kannst und aussprechen, was du ablehnst, ist ja eine ganze Menge mehr als in der DDR.
Sicher wirst du als Mitglied der DKP nie Lehrer werden, aber du kannst Ingenieur oder Gärtner sein und im Gemeinderat sitzen und dort Fragen stellen und Vorschläge machen. Wohlgemerkt: Kommunisten, die auf ihre Fahne die Abschaffung des bürgerlichen Staates schreiben, können – zumindest auf

lokaler Ebene – in diesem Staat mitwirken. Weißt Du, wo in der DDR die sitzen, die den DDR-Staat abschaffen wollen?
Wäre ich nicht davon überzeugt, daß Du ein so herzensguter Mensch bist, der sich einen Brief an mich wirklich abgerungen hat, der es sich alles andere als leichtgemacht hat, ich hätte Dir nicht geantwortet. Weil es eben doch ein Agitationsbrief war. Das geht auch gar nicht anders. Und wie Du siehst, antworte ich mit einem ebensolchen. Nur Sonja, überlege Dir bitte, ob Du das willst, ob Dir daraus nicht irgendwann Nachteile entstehen. Ich bin schließlich – aus DDR-Sicht – eine mißliebige Person. Mir kann das egal sein. Was ich Dir schreibe, kann ich hier jedem sagen. Und es interessiert kaum einen, ob ich mit einem iranischen Scheich, einem Moskauer Funktionär oder mit Reagan korrespondiere. Bei Dir dürfte die Sache etwas anders stehen.
Wenn man eine Weile hier lebt, denkt man anders über die beiden deutschen Staaten nach. Es ist ein Unterschied, ob Du als Rentner Deine Schwester besuchst und nur die Sonnenseiten vorgeführt bekommst oder ob Du Dich mit der Umwelt auseinandersetzen mußt. Touristenreisen bieten nie mehr als einen Blick in ein Schaufenster. Du mußt Dich nicht ärgern, daß Deine Tante bei ihrer ersten Reise hierher nur das Paradies gesehen hat.
Ich glaub' schon, daß die DDR für manche Leute besser ist als der Westen. Das Leben ohne Risiko, die Sicherheit einer Arbeit, und verhungern muß auch keiner. Für ängstliche, unsichere oder träge Menschen hat das was von einem Reservat, während hier diese Gruppe zwangsläufig unter die Räder kommt.

Gewiß hat auch das Gleichmaß Vorteile, obwohl es sich gegen die menschliche Natur richtet und folglich auch in der DDR ständig unterwandert wird. Es gibt auch da sehr arme und sehr reiche Leute. Sicher nicht in dem Extrem wie hier. Aber ich kenne welche, die zehn Pferde haben, ein Haus und zwei Autos, und das sind gewiß nicht die Reichsten. Und ich kenne auch Rentnerwohnungen, wo nicht mehr als ein Bett, ein Tisch und ein Schrank stehen. Natürlich sollte es das nicht geben. Es läuft der Politik des Staates zuwider. Bloß, so ist das mit vielem. Gutgemeinte Gesetze verkehren sich schnell in ihr Gegenteil. Richtlinien werden richtungslos. Ideen gehen nicht mehr auf.

Die Bestrebungen einer Massenkultur z. B. sind ein großer humanistischer Gedanke. Bloß, was haben all die Kultur- und Bildungspläne, die Bitterfelder Irrwege, die betrieblichen Theateranrechte gebracht? Die Leute, die auch sonst ins Theater gegangen wären, nutzen freudig das Angebot. Und die es nicht interessiert, werden auch nach einem kollektiven Gang ins Museum nicht von moderner Malerei überzeugt sein. Ich habe in den letzten Jahren zu viele Brigaden, LDPD-Gruppen, Schulklassen durch die Dresdner Kunstausstellungen geführt, als daß ich noch daran glauben kann, daß alles für jeden interessant und gut ist. *Ich* kann mir ein Leben ohne Kunst nicht vorstellen. Andere leben genauso glücklich, ohne je freiwillig in ein Konzert gegangen zu sein. Verordnete Beglückung ist problematisch.

Hier gibt es im übrigen genauso viele Bemühungen massenhafter Volksbildung, auch wenn das nicht zu Deinem Kapitalismus-Bild vom ausgebeuteten Men-

schen paßt. Es gibt Volkshochschulen, Theateranrechte, Graphotheken. Gewiß ist manches durch die kommerzielle Seite eingeschränkt. Und wenn du arbeitslos bist, wirst du andere Interessen als klassisches Ballett haben. Aber wer Zugang zur Kunst will, findet den auch. In den großen Galerien mußt du nicht mal Eintritt bezahlen.
Ich halte Dich nicht für borniert, wie Du schreibst. Ich würde das durch das Wort ›befangen‹ ersetzen. Zu den großen Nachteilen der DDR gehört, daß Vergleichsmöglichkeiten weitgehend ausgeschaltet werden und daß das Informationssystem in seiner Ideologieabhängigkeit nur die Fakten durchläßt, die in seine Richtung passen. Und wenn Du meinst, das hiesige System und Pressewesen zu kennen, nur weil Du in Deiner Redaktion die »Welt« lesen darfst, so ist das ein Irrtum.
Die »Welt« gehört, wie Du sicher weißt, Herrn Springer. Und in allen seinen Zeitungen wird nicht nur DDR in Anführungszeichen geschrieben, sondern auch ein sehr eigener politischer Kurs verfolgt. Richtig ist auch, daß dem Springer viele große Zeitungen gehören. Aber es gibt genauso viele andere mit neutraler oder liberaler Linie. Und zur journalistischen Freiheit gehört nicht nur die Möglichkeit, wie Du schreibst, Politiker als Arschloch zu bezeichnen, sondern auch unbequeme Fragen zu stellen. Die Zielrichtungen der Fragen sind bei den verschiedenen Zeitungen sehr verschieden.
Die Bezeichnung Kapitalismus ist treffend. Einziges, aber einschneidendes Regulativ ist das Kapital. Darin steckt alle Ungerechtigkeit, alle Härte, alle Aktivität. Das kannst Du gut finden oder ablehnen. Jedenfalls

funktioniert es, auch, indem es zerstört und aufbaut. Wofür, wer reich ist, sein Geld ausgibt, darüber kann man sicher manchmal nur die Achseln zucken. Aber das ist nicht mein Problem. Dein Staatsratsvorsitzender veranstaltet ja auch Diplomatenjagden im volkseigenen Wald. Ich gönne ihm das Vergnügen oder lasse die Erklärung gelten, daß dies eine vielerorts übliche Gepflogenheit sei. Auch wenn mir nicht klar ist, warum man, um als weltoffen zu gelten, Hasen erschießen muß.
Die Sprüche über das eigene Offensivsein werden brüchig, nicht nur was solche Umgangsformen anbelangt. Auch bei politischen Auseinandersetzungen steht die DDR in der Defensive; mit ihren wirtschaftlichen Möglichkeiten sowieso. Es ist traurig anzusehen, daß alles, was über dem Durchschnitt liegt, in den Westen exportiert wird. Devisenknappheit hat sozialistischer Moral schwer zu schaffen gemacht. Ich meine damit nicht nur solche ungerechten Einrichtungen wie Intershops, in denen du mal schnuppern kannst, wie Westseife riecht, sondern auch die Art, wie man große Westfirmen hofiert und die Hilfe für die Dritte Welt auf Sparflamme kochen läßt.
Weißt Du eigentlich, wieviel da von hiesiger Seite getan wird? Natürlich, im Bilderbuch vom Kapitalismus steht, die wollen sich nur neue Absatzmärkte schaffen, um ihre Krisenwirtschaft zu retten. Sicher spielt das auch eine Rolle. Aber ich habe schon so viele einzelne Leute getroffen und kirchliche und staatliche Aktionen erlebt, die sich für die Sache engagieren, wie keiner in der DDR. Und das nicht aus ökonomischen oder politischen Interessen, sondern aus Verantwortungsgefühl, mag sein, auch aus Unbe-

hagen angesichts westdeutschen Wohlstands- und Konsumlebens.
Ich habe Dir gegenüber den Vorteil, daß ich jetzt beide Seiten kenne und mir nicht mehr erzählen lassen muß, wie Kapitalismus zu sein hat. Urteile aus der Kenntnis heraus fallen eben anders aus, als wenn man die Welt nur aus dem Fernseher kennt.
Was das schlechte Gewissen anbelangt, wenn man die DDR verläßt, so hast Du damit recht. Nicht wegen der Ausbildung. Ich habe nach dem Studium zehn Jahre gearbeitet. Damit dürfte mehrfach abgegolten sein, was an Geld in mich investiert wurde. Aber was Ausreisen und Ausreißen gemein haben, ist richtig. Das heißt, alle Hoffnungen einfach fallenzulassen und die Bereitschaft zu weiterem Mitwirken aufzukündigen. Das ist wie das Abspringen von einem Zug, dessen Fahrtrichtung dir nicht mehr zusagt. Seine Route zu beeinflussen, liegt jenseits der Möglichkeiten der Reisenden. Irgendwann habe ich begriffen, daß es über meine Kräfte ging, weiter das mitzumachen, was man ›Weg zum Sozialismus‹ nennt. Und so manches möchte ich da auch nicht mitverantworten. Ich bin nicht der Typ, der sich mit einer Fahne, welcher auch immer, auf die Straße stellt. Ich organisiere auch keine Untergrundbewegungen oder halte Staatsmaschinerien auf. Ich möchte das sagen und tun können, was ich für richtig halte. Ich möchte keinem anderen Menschen Schaden zufügen und suche einen Einklang zwischen mir und meinem Lebensraum.
Wenn die Kinder groß sind, möchte ich mich außerdem mit Hartmut ausgiebig in anderen Teilen der Erde bewegen. Leben heißt auch Veränderung. Ich

denke, das ist nicht nur eine fixe Idee, die aus unserem bisherigen Eingesperrtsein und der Verurteilung zum Sozialismus resultiert.
Es gehört zur Tragik der Deutschen, sich und ihr politisches Schicksal für den Mittelpunkt der Welt zu halten. Dabei sind sie doch nicht mal ein Prozent von ihr. Gemeinsame Tragik ist auch, daß die Deutschen in Ost und West trotz konträrer Systeme die gleichen unangenehmen Verhaltensweisen und Anmaßungen gegenüber dritten Ländern hervorbringen. In Dresden habe ich eine Verkäuferin sagen hören, an Polen verkaufe sie nichts, und die Tschechen seien doof, wenn sie nicht Deutsch sprechen. Hier sind die Italiener die Spaghettifresser und die Türken gut genug, die Straßen zu kehren. Beide Regierungen predigen Achtung vor anderen Völkern und Einvernehmen. Aber weder das Ostvolk noch das Westvolk ist bereit, dem zu folgen. Sicher sind das nur bestimmte Schichten, nur leider nicht die kleinsten.
Was schließlich Deine Frage nach der Zukunft meiner Kinder anbelangt, so mache ich mir hier weitaus geringere Sorgen als in der DDR. Der Kinder wegen sind wir ja auch hierhergegangen. Du kennst meine Haltung gegenüber Militär und Feindbild. Ich habe mich bei beiden Kindern dagegen gesträubt, daß sie im Kindergarten Kriegsspielzeug bekamen. Jedesmal erfolglos. Die stereotype Antwort hieß, das stünde im Lehrplan, und der sei Gesetz. Und in der 5. Klasse wird damit angefangen, den 11jährigen Jungs den Beruf des Offiziers schmackhaft zu machen, Werbegespräche mit den Eltern zu führen. Und das gar nicht ungeschickt. Jeder Junge, der sich für Motoren interessiert, ist über technische Parameter einzufangen.

Wie schnell ein Düsenjäger fliegt, wie genau eine Rakete trifft. Daß da an Spitzenleistungen gebastelt wird, die letztendlich das Ziel haben, Menschen zu töten, erfaßt ein 11jähriger bestenfalls am Rande.
Für Stephan war es auch kein Weltbildwechsel. Ich habe ihn immer schon zu kritischem Denken erzogen, und er hat deutlich gespürt, daß zwischen dem, was in der Schule erzählt wurde, und dem, was ich versucht habe, ihm beizubringen, erhebliche Unterschiede bestanden. Eine konsequente Folge davon war, daß er in der 3. Klasse aus der Pionierorganisation austreten wollte. Und da hab' ich mein Gesicht verloren, indem ich versucht habe, ihm klarzumachen, daß er sich damit in der DDR jede Zukunft verbaut, nie einen Studienplatz kriegen wird und manches andere auch nicht. Natürlich war das Verrat an der eigenen Überzeugung, Erziehung zu Heuchelei um einer unbestimmten Karriere willen, eine Erklärung der Notwendigkeit, mit Lügen zu leben. Insgesamt ein bedrückender Zustand. Und ich stand da vor ihm in sehr fragwürdigem Licht.
Sicher hätte er vieles in der DDR einfacher bekommen können, worum er hier kämpfen muß. Er hätte nur in der FDJ willig mitmachen müssen, dann drei Jahre zur Armee, und die ganze Welt, d. h. die ganze DDR, hätte ihm offengestanden.
Hier unterhalte ich mich mit ihm über die Wirkung von Rauschgift, und ich habe auch schon Horror- und andere scheußliche Filme gesehen, womit die Seele eines Kindes vergiftet wird. Hier wird er spätestens mit 13 das erste Porno-Heft lesen, und ob er die Lehrstelle oder den Studienplatz kriegt, den er sich erträumt, ist alles andere als gewiß. Trotzdem mache

ich mir da weniger Sorgen als in der DDR. Er ist ein aktives, realistisch denkendes Kind. Er wird seinen Platz finden. Sich zu entscheiden, ob er die DDR irgendwann so toll findet, daß er dahin zurückwill, steht ihm außerdem frei. Von hier aus kannst Du in jedes Land der Welt gehen. Wenn es ihn nach Moskau zieht, bitteschön, aber es kann ebensogut New York sein oder eine Südseeinsel.
Du bist hier für dein Leben allein verantwortlich. Verantwortlich auch für Enttäuschungen und Irrtümer. Hartmut hat da schon einiges hinter sich. Aber was allein im Leben zählt, ist die eigene Erfahrung. Die kannst du durch nichts aufwiegen und ersetzen. Die kann dir auch keine Schule und kein Parteizirkel vermitteln.
Das Schlimmste, was das westliche System hervorbringt, sind die zwei Millionen Arbeitslosen. Da steckt viel menschliches Leid, Demütigung und Entzug von Lebenskraft drin. Es wird produziert auf Teufelkommraus, und irgendwann wird die selbsterrichtete Maschinerie und technische Perfektion zu einem Moloch, der seine eigenen Kinder verschlingt. Die Konsequenzen, die diese absolute Auslieferung an die Technik haben wird, sind, glaube ich, nur wenigen klar. Es gehört hier nicht viel Phantasie dazu, einen utopischen Roman zu verfassen. Man braucht nur die Gegenwart mit ihren vielen bösen Ansätzen gründlich auszuwerten.
Weshalb ich in der Provinz gestartet bin, ist ganz einfach zu erklären: Es gibt mehr Journalisten als freie Stellen für Redakteure. Also steht Suchen vor Aussuchen. Es nützte mir wenig, in München oder Stuttgart mal einen Artikel für dieses oder jenes Blatt, was

sicher ginge, schreiben zu dürfen, sondern ich brauchte eine Stelle mit einem festen, größeren Gehalt. Und so eine war grad hier frei. Natürlich fahre ich manchmal in die Metropolen ins Theater oder in Galarien und schreibe auch ab und zu für unsere Mantelzeitung. Aber das bedeutet zusätzliche Arbeit und geht nur an freien Tagen oder am Wochenende. Oder eben nachts. Haushaltstage für Frauen kennt man hierzulande nicht. Über die Eröffnung der Dresdner Semperoper zu berichten, wäre natürlich ein schönes Thema. Ich habe ein Visum beantragt, aber ohne viel Hoffnung. Anträge auf private Einreise wurden bisher immer abgelehnt. Nicht mal meine Kinder dürfen ihre Oma besuchen. Sippenhaft. Ob es da ein Dienstreisevisum gibt?!
Wie wirst Du Deiner Tochter erklären, warum nur ihre Großmutter in den Westen fahren darf und sie selbst damit warten muß, bis sie auch eine Oma ist? Weil dort nur Kapitalisten wohnen, die DDR-Bürgern auflauern? Oder weil es dort scheußlich ist und nur Lug und Trug herrschen? Ich wünsche Dir, daß Du keine Probleme bei ihrer Erziehung und Aufklärung bekommst, und daß Du die Größe hast, auch Dir fremde Meinungen zuzulassen. Ich kann Dir nur raten, Dich auf diese Fragen vorzubereiten und sie so zu beantworten, daß Du Dir später nie Vorwürfe machen mußt.
Es gibt da eine schöne Fabel von dem Ost-Berliner Schriftsteller Gerhard Branstner. Darin erklärt eine Giraffenmutter ihrem Jungen, wie scheußlich, häßlich, ekelhaft der Löwe ist. Weil sie denkt, so ihr Kind vor der Gefahr am besten zu bewahren. Und als eines Tages ein Löwe kommt, rennt ihm das Giraffenjunge

freudig entgegen, weil er so schön und elegant aussah und überhaupt nichts mit der fürchterlichen Beschreibung der Mutter gemein hatte. So konnte es ihn nicht erkennen und wurde eine leichte Beute des Löwen.
Ich will Dir damit dagen, daß Deine Vorstellungen von der Welt hier sehr oberflächlich sind. Sie entsprechen dem in der DDR aufgebauten Bild, das im Schwarz-Weißen steckenbleibt und nicht nur die Grautöne, sondern alle Farben unterschlägt. Beide Systeme haben gravierende Vor- und Nachteile. Das mußt Du zur Kenntnis nehmen, willst Du Deine Tochter vor Lügen, gleich welcher Seite, schützen. Ich werde die DDR mit Interesse besuchen, leben könnte ich nicht mehr dort.

Liebe Bettina,
Du hast schon recht, die Frau des Dichters und er selber, das sind zwei Einzelwesen. Und beim Schreiben stelle ich mir immer einen ganz bestimmten Adressaten vor. Auch, was ihn interessieren könnte, er fragen würde, ich für ihn auswählen müßte. Sowenig man kollektiv Briefe verfassen kann, sowenig mag ich sie an Gruppen, deren kleinste ein Ehepaar ist, richten. Heute also ein Bericht nur für Dich. Herbert kannst Du schön von mir grüßen.
Du willst weniger Vorgänge beschrieben haben, dafür wissen, was ich fühle. Das ist natürlich viel schwerer mitzuteilen, zumal man das oft selbst nicht so genau weiß. Manches wirkt auch zwiespältig. Am ehesten läßt es sich damit vergleichen, daß ein Erdenwesen plötzlich fliegen lernt, dabei staunt über die sich neu eröffnenden Dimensionen. Vielleicht aber auch jämmerlich auf die Nase fällt oder merkt, daß Fliegen gar nicht sein Fall ist, da der Genuß des Augenblicks der Freiheit zugleich eine erbarmungslose Auslieferung an die Elemente bedeutet.
Wahrscheinlich kann man das gar nicht mitteilen, ebensowenig wie Erfahrung übertragbar ist. Denn jeder erkennt nur die Erfahrungen seiner eigenen Biographie an. Das ist auch der Grund, weshalb die Menschen in der Fortdauer ihrer Geschichte niemals

klüger werden. Außerdem: Was für den einen gilt, muß für den anderen noch lange nicht zutreffen. Mentalität und glückliche Umstände, Zufälle, Fügungen sind nicht planbar. Was man beschreiben kann, sind bestenfalls Tendenzen, grobe Schemata.
Um nun endlich eine einigermaßen klare Antwort auf Deine Frage nach meinen Gefühlen zu finden: Ich habe mich hier überraschend schnell heimisch gefühlt. Obwohl die Bundesrepublik nichts mit dem Wunderland, das wir uns so oft naiv vorgestellt haben, gemein hat. Das Land gibt sich nicht mal die Mühe einer schönen Oberfläche. Oder nur einer ganz dünnen, wenn Du darunter das Warenangebot, die Freizügigkeit des Umgangs, die Sauberkeit, Buntheit, Offenheit verstehst. Aber dann kommen gleich die Schatten durch: Arbeitslose und Bettler, Rauschgift, Pornographie . . . oder eine Etage höher: Sensationspresse, Parteispendenaffaire, Raketenstationierung. Na gut, letzteres gibt es auch in der DDR, bloß passiert das dort heimlicher. Daß man hier über alles reden kann, sicher, manches auch bis zum Nichts zerredet wird, ist eines der Dinge, die wir erst wieder lernen müssen. Zu sehr hatten wir uns schon an die in der DDR üblichen Tabus gewöhnt.
Die nächste Frage ist noch schwieriger: Ob ich zufrieden und glücklich sei. Nein, sicher nicht. Was ich bis jetzt habe, ist doch nur der Boden unter den Füßen, die finanzielle Absicherung, das Laufenlernen unter völlig veränderten Bedingungen. Von einer Kleinstadt hab ich auch nicht geträumt. Zwar ist das Kulturgefälle hier nicht so gravierend wie in der DDR. Auch Udo Jürgens oder Hermann van Veen, sogar die Wiener Philharmoniker verirren sich mal in unsere

Nähe. Indes das Eigentliche findet eben doch nur in den Metropolen statt.

Aber als Journalistin allein mit zwei Kindern – Hartmut ist die nächsten zwei Jahre in München beschäftigt, was danach kommt, ist ungewiß –, das geht eben nur in einer Stadt mit geringeren Ausmaßen. Gegen neun fange ich in der Redaktion an, dann zwei Stunden Mittag, da muß ich Tine vom Kindergarten holen und was kochen, außerdem auf dem Weg noch schnell einkaufen, um zwei dann wieder in der Redaktion oder manchmal zu Hause was schreiben, 18 Uhr ist offiziell Schluß, real aber erst dann, wenn alles fertig ist. Und bei mir heißt das oft, schnell nach Hause, Abendbrot machen und dann ins Theater, zu einer Vernissage oder sonstwas rennen. Damit ist zugleich die Frage nach meiner Freizeit beantwortet: Ich hab' gar keine.

Aber von sich sagen zu können, man sei glücklich, das geht ohnehin nur für Momente. Das sind Augenblickserlebnisse, wie man sie vielleicht in einer tiefen Liebesbeziehung, auf einem Alpengipfel oder bei einem beruflichen Erfolgsstück verspürt. Da kann man keine Dauereinrichtung draus machen. Wovon man lebt, meinetwegen auflebt, das sind eigentlich die Ziele. Der Drang, daß es weitergeht, aufwärts und besser. Den hab' ich hier wiedergefunden. In Dresden hatte ich alles, was ich erreichen konnte. Mit 30. Im Grunde war bis zur Rente der weitere Ablauf vorhersehbar. So was macht müde, träge, passiv. Hier dagegen ist plötzlich alles wieder offen. Natürlich im Positiven wie im Negativen. Aber es ist schön, wenn man seine Kraft wieder spürt.

Ob wir neue Kontakte, Bekannte, Freunde haben?

Ja, das geht hier viel schneller als erwartet. Einmal durch meinen Beruf, wo ich ja dauernd Leute kennenlerne. Zum anderen sind die Menschen hier sehr aufgeschlossen, wenn sie merken, da kommt einer aus der DDR, von der sie, falls sie nicht Verwandte dort haben, kaum was wissen. Kontakte ergeben sich auch durch Kindergarten und Schule oder bei allen möglichen Veranstaltungen. Allerdings hat man hier weniger Zeit füreinander, als wir das von Dresden gewohnt sind. Einfach, weil man hier beruflich ganz anders eingespannt ist, dadurch auch konzentrierter lebt.

Zu unseren alten Freunden aus Dresden, die ein paar Wochen nach uns ausreisen durften – als sie uns damals mit zum Bahnhof brachten, hatten sie schon den Laufzettel* –, besteht natürlich eine enge Verbindung. Einmal kennen wir uns Jahre und wissen, daß man sich aufeinander verlassen kann, zum anderen ist man einander ja ein Stück Heimat. Die Vertrautheit des Umgangs, die auch die Kinder einschließt, ist ebenfalls wichtig. So was muß wachsen und ist nicht von einen Tag zum anderen neu zu finden.

Viel Geselligkeit können wir in unserer Wohnung, die für Zwerge gebaut scheint, nicht pflegen. Das bedaure ich. Aber eine größere können wir uns momentan nicht leisten, da das Geld für anderes gebraucht wird. Erst mal mußten wir uns das ganze Zeug anschaffen, was zu einem Haushalt gehört und was man eigentlich in unserem Alter hat: Waschma-

* Die Aufforderung, sich bei allen Ämtern abzumelden, d. h. das Signal, daß die Ausreisegenehmigung unmittelbar bevorsteht.

schine, Kühlschrank usw. Und in Urlaub wollen wir natürlich auch fahren. Kindersachen sind sehr teuer, da nicht vom Staat gestützt, und unsere Gören wachsen wie verrückt. Zum Glück habe ich einiges von Arbeitskollegen, deren Kinder etwas älter als unsere sind, gebraucht geschenkt bekommen. Ansonsten läßt man da ein Vermögen. Weil wir in verschiedenen Städten arbeiten und wenigstens am Wochenende zusammensein wollen, brauchen wir auch zwei Autos (alte klapprige Kisten). Aber das kostet eben alles . . .
Nächste Frage: Ob ich mich in unserem Haus wohl fühle?
Abgesehen davon, daß alles furchtbar eng und klein ist, zumal ich eine Wohnung gewöhnt bin, durch die man schreiten konnte und in der schon meine Großeltern lebten, hier dagegen kann man nur trippeln – also, es läßt sich aushalten, mehr nicht. Vor dem Fenster strömt dreispurig und unablässig der Verkehr. Den Hof, der genauso winzig ist wie die Wohnung, hat man zugepflastert, damit er schön gefegt werden kann. Das geht dann reihum und wird »Kehrwoche« genannt. Aber ich glaube, das ist nur eine schwäbische Erfindung. Anderswo sind die Leute nicht so putzsüchtig. Die beiden Familien im Haus haben uns bisher kaum zur Kenntnis genommen. Das ältere Ehepaar hat mich nur wegen des nicht sorgfältig genug gekehrten Hofs angesprochen und sich beschwert, daß die Kinder zu laut seien. Die anderen sagen nur »Guten Tag« bzw. »Grüß Gott«, wie das hierzulande heißt.
Aber mit einer Nachbarin hat uns Christine eine freundliche Begegnung verschafft. In der Zeit, als unsere Möbel und das ganze Umzugsgut noch in der

DDR standen – das waren mehr als vier Monate – und wir auf Campingliegen und -stühlen hausten, hat sie der älteren Dame erzählt, sie müsse immer auf dem Boden schlafen, habe kein Bett und keine Decke und sei überhaupt ein armes Kind. Darauf kam die Frau sofort mit Decken und Kopfkissen und anderen Sachen gelaufen.
Inzwischen ist wieder Weihnachten, und an unserem Baum hängen auch der kleine goldene Vogel und der Schneemann, die Du voriges Jahr gebastelt hast. Die Weihnachtsflut, die hier über einen hereinbricht, ist ungeheuer. Die Werbung, stets gegenwärtig, überschlägt sich jetzt. Unsere Stadt, so klein sie ist, hat sich mit Buden und Ständen einen Weihnachtsmarkt aufgebaut, bei dessen Anblick einem Sachsen schon komisch zumute wird. Denn da gibt es alles, was im Erzgebirge hergestellt, dort aber seit Jahren nicht mehr zu bekommen ist. Noch viel schlimmer ist es in den Großstädten. Meine Mutter, die uns jetzt besucht hat, war in München fix und fertig. Dort sind zu Hunderten und Tausenden deutsche demokratische Nußknacker und Pyramiden auf einem irrsinnig bunt glitzernden und funkelnden Weihnachtsmarkt ausgebreitet. Mich hat das sehr an meine Kindheit erinnert. So ähnlich war das in den 50er Jahren in Dresden auch. Natürlich viel einfacher und bescheidener. Dafür aber auch authentischer. Denn da kamen die Leute aus den erzgebirgischen Dörfern in die Stadt und verkauften rings um die Kreuzkirche ihre Sachen. Mitten in Bayern kann man zu diesen Dingen kaum den Bezug finden. Es wird eben gekauft, weil es hübsch ist, mehr nicht.
In München war ich auch zum ersten Mal in einem

sogenannten Sex-Shop. Inzwischen ist mir natürlich klar, weshalb Hartmut sich so hartnäckig gesträubt hat, mich dahin mitzunehmen. Und allein hab' ich mich nicht getraut. Solche Neugier ist schwer zu verstehen. Sex-Shops interessieren außer pubertierenden Jungs und einsamen frustrierten Sonderlingen keinen mehr. Da ist längst die Zeit darüber hinweggegangen. Für uns aber ist es die Neugier auf bislang Verbotenes. Genauso verboten wie die Lektüre spätbürgerlicher Philosophen oder eine Reise nach Amerika.
In diesem Falle aber reicht die einmalige Besichtigung. Was einen hier erwartet, taugt nämlich nur dazu, Ekel vor dem anderen Geschlecht zu entwikkeln. Neben allen Sorten von Porno-Zeitungen und -Filmen kannst du da einen Penis aus Plaste, einen »Liebesring«, das ist ein Riemchen mit Borsten dran, oder eine Frau zum Aufblasen kaufen. Als ich davon in Herbert B. Frankes utopischem Roman »Ypsilon Minus« zum ersten Mal gelesen habe, dachte ich, das sei bloß Spinnerei. Aber hier ist schon so vieles Realität, was man in der DDR bestenfalls unter ferne Zukunft einordnet. Nicht nur auf sexuellem Gebiet. Jedenfalls wird die so kommerzialisierte Erotik als bloße optisch-mechanische Reizung abgewickelt. Die Leute, die mit unsicherem Blick in einem solchen Geschäft rumlaufen, sind denn auch eher zu bedauern. Denn die bekommen hier nur einen plumpen, billigen Ersatz, der bisweilen ins Extrem getrieben wird, indem man auf Perversionen setzt. So in der Art von » . . . die Damen machen Haufen und die Herren treten rein . . .« Mein Nachholbedürfnis in dieser Richtung ist ein für allemal befriedigt.

Vor kurzem habe ich von einer Studie gelesen, wonach die Deutschen in Ost und West ein gleiches Sexualverhalten zeigen. Sowohl was das Alter der ersten Kontakte wie die Art der Ausübung und deren Häufigkeit anbelangt. Unterschiedlich seien lediglich die Stimuli. Daß man als DDR-Bürger von Pornographie und anderen lustbringenden Hilfskonstruktionen ausgeschlossen bleibt, empfinde ich nachträglich nicht als Verlust.
Aber ich wollte ja Deine Fragen beantworten. Und da steht als nächste: Gibt es bei der Ausübung Deines Berufs irgendwelche Einschränkungen? Könntest Du Kontakt mit Leuten oder Vereinigungen pflegen, die nicht in die politische Linie Deiner Zeitung passen?
Also, meine Zeitung hat überhaupt keine politische Linie. Zumindest nicht das, was man in der DDR darunter versteht. Es gibt keine Abhängigkeiten in dieser Richtung. Sicher würde ich, wenn ich eine Wahlversammlung der Kommunisten vierspaltig ins Blatt brächte, gefragt werden, ob das denn wirklich so bedeutend sei. Und alsbald würden die andern fordern, auch so ausgiebig bedacht zu werden. Aber das sind allein redaktionelle Entscheidungen.
Die zugelassene Meinungsvielfalt ist immer noch ungewohnt groß, so daß ich bisher nicht in die Situation gekommen bin, »Verbotenes« zu denken oder zu sagen. Ehe hier etwas verboten wird, dauert es lange. Manchmal zu lange. Das heißt, es ist auch sehr viel Unsinn und Dummheit zugelassen, die, wenn sie Macht bekäme, gefährlich würde.
Für unsere Mantelzeitung will ich jetzt die Berichterstattung über die Semperoper probieren. Aber auch dieses Visum läßt auf sich warten. Bisher wurde jede

Einreise abgelehnt. Es wäre natürlich ein komisches Gefühl, plötzlich wieder in Dresden zu stehen – als Besuch.
Die Kunst ist jenes Terrain, wo die DDR viel Gleichrangiges oder sogar Besseres hervorbringt. Besonders im Theater, bei Musik und Malerei. In München haben wir uns eine Aufführung der »Ariadne von Naxos« angesehen, die weit hinter der Dresdner Inszenierung blieb. Allerdings hatten sie hier die besseren Solisten.
Was imponiert, ist die Fülle des Angebots. Das läßt keine Ebene, keine Lücke frei, und ist auch der Grund, weshalb Künstler, die in der DDR einmalig waren, hier in die namenlose Menge absinken. Manfred Krug oder Veronika Fischer sind zwar öfter zu sehen. Aber eben als eine oder einer unter vielen. Von Eberhard Cohrs, dem sächsischen Starkomiker, habe ich nie wieder was gehört. Der internationale Austausch ist viel ausgeprägter, manchmal damit auch der künstlerische Anspruch und seine Dimension.
Ob ich noch über mein Leben nachdenke?
Wenig. Es gibt sicher immer mal Phasen, wo die äußeren Dinge dominieren, Entwicklungen und Veränderungen mehr organisatorischer, meinetwegen auch karrieristischer Art sind, dann wieder Zeiten, wo scheinbar gar nichts passiert und man folglich mehr über sein Innenleben nachsinnt, Vergangenes und Hoffnungen reflektiert. Da läßt sich nicht immer ein ausgewogenes Maß finden. Daß man sich vor Oberflächlichkeit aber schützen sollte, und – gerade in diesem Land – aufpassen muß, sich nicht fremde Wertmaßstäbe aufdrängen zu lassen, ist richtig.

Manchmal wünschte ich mir schon etwas Ruhe, so Momente zum Atemholen. Manchmal, selten, nehme ich mir die auch gewaltsam. Zeit zum Briefeschreiben zum Beispiel.
Wie die Kinder die neue Welt aufnehmen?
Denkbar unkompliziert. Natürlich sehen die hier nur das verlockende Angebot. Lego-Spielzeug und Westautos, Jeans aller Größen und Sorten . . .
Integrationsprobleme gab es kaum. Der leicht schwäbische Einschlag, mit dem ihr sächsischer Dialekt inzwischen durchsetzt ist, tut sein übriges. Noch schaffe ich es auch, über Stephans Freizeit und Freunde einigermaßen orientiert zu sein und muß nicht befürchten, daß er zwischen Rocker und Popper gerät. Er springt im Sportverein herum und ist Dauerkunde in der Bibliothek, liest dort alles, was ihm zwischen »Emil und die Detektive« und »Winnetou« in die Hände fällt.
Christine ist vormittags in einem anthroposophischen Kindergarten. Dort werden musische Anlagen und Persönlichkeitsbildung sehr gefördert. Das bringt den Vorzug, daß Tine den ganzen Tag wunderschön malt und singt, und den Nachteil, daß sie uns mit ihrem ausgeprägten Willen auf die Nerven geht. Auf alle Fälle ist Erziehung hier mehr auf die Seele eines Kindes ausgerichtet. Die sogenannte staatsbürgerliche Schulung, wie sie in der DDR einsetzt, sobald ein Kind sprechen kann, findet viel später und auch nicht so penetrant statt.
Wenn ich daran denke, wie im Dresdner Kindergarten Republik-Geburtstag gefeiert wurde: Der Raum bekam Fähnchenschmuck, die Kinder lernten schon Tage vorher dazu passende Gedichte und Lieder.

»Und dann«, sagte Tines damalige Freundin Anne zu mir, »dann geht die Tür auf, und die Republik kommt rein.« Ob das wirklich alles nötig sei, habe ich später die Kindergärtnerin gefragt, und ob sie ernstlich annähme, daß Vierjährige mit Begriffen wie Republik was anfangen könnten. »Doch, doch, ich hab' den Kindern erklärt«, meinte sie, »der Staat – das sind wir alle. Sie sollen sich damit identifizieren lernen. Und Geburtstag feiern heißt doch in erster Linie, eine festliche Stimmung zu verbreiten.«
Ein halbes Jahr später, zum Tag der NVA*' sang Tine dann: »Wenn ich groß bin, gehe ich zur Volksarmee . . .«
Als Stephan in die Schule kam, wurde im Dezember Pioniergeburtstag gefeiert, und die ganze Klasse trat geschlossen in die Organisation ein.
Deine Kinder sind noch klein, denen steht das alles noch bevor. Aber ich glaub' nicht, daß es in ein paar Jahren wesentlich anders sein wird. Mit Zwillingen kannst Du Dir bestenfalls Gedanken darüber machen, wie unterschiedlich der einzelne die Dinge verarbeitet.
Stephan war ein schlechter Schüler vom ersten Tag an. Bei Elternabenden, wenn die Hefte der Besten herumgereicht wurden, rutschte ich auf meiner Bank zusammen. Der Lehrer war aber taktvoll genug, nicht auch noch die liederlichsten im Vergleich vorzuzeigen. Stephan war weder frech noch dumm. Ihn interessierte das alles nur viel zu wenig. Als die andern schon ganze Wörter schrieben, sahen seine Buchsta-

* Nationale Volksarmee.

ben immer noch wie klebrige Würmer aus, klecksdurchsetzt, radiergummiverzerrt. Lesen hat er dagegen überraschend schnell gelernt. Eigentlich von dem Moment an, wo ich ihm gezeigt hab', daß es außer der Fibel ja auch noch andere Bücher gibt.
Ich weiß nicht, ob sein Schulstart hier anders verlaufen wäre. Aber der Ernst und die Leistungserwartung werden hier anders vorgetragen. Was völlig fehlt, ist die Vokabel »kämpfen«. In der DDR kämpfen die Schüler vom ersten Tag an, kämpfen um Zensuren, um das Abzeichen für gutes Wissen, um den Sieg beim Altstoffsammeln und beim Wettbewerb der Brigaden, um das Sportabzeichen und um die schönste Wandzeitung. Es wird unentwegt um irgend etwas gekämpft. Ich will das Schulsystem der DDR nicht diffamieren. Es hat sicher auch gute Seiten, zum Beispiel, daß man versucht, jedes Kind zu fördern, keinen zurückzulassen. Alle müssen das Klassenziel erreichen, koste es, was es wolle.
Später allerdings sind die Zensuren nicht mehr so wichtig. Wer zur Oberschule oder einen Studienplatz haben will, muß vor allen Dingen »gesellschaftliche Arbeit« geleistet haben, muß Gruppenratsvorsitzender oder Wandzeitungsverantwortlicher gewesen sein. Lieber eine Drei in Deutsch, aber Brigadeleiter, als ein Durchschnitt von 1,0 und ein egoistischer Individualist.
Was mich am meisten gestört hat, aber war, wie die Kinder politisch vereinnahmt wurden, ohne daß man sich dagegen wehren konnte. Stephan fragte mich eines Tages: »Welches Land liebst du am meisten?«
»Weiß ich nicht, darüber habe ich noch nicht nachgedacht«, hab' ich geantwortet. Darauf er: »Ich liebe die

Sowjetunion am meisten.« »Wieso, du kennst sie doch gar nicht, du warst doch noch nie dort?« »Aber Herr Schreiber hat gesagt, die Sowjetunion hat uns befreit. Und daß es uns jetzt gutgeht und wir in Frieden leben können, haben wir nur der Sowjetunion zu verdanken.«
Ich wünsch Dir viel Gelassenheit, wenn Deine Kinder solche Diskussionen mit Dir führen. Und wenn sie jeden deutschen Klassiker nur auf seinen revolutionären Kern hin prüfen, wenn sie die Geschichte allein als Geschichte der Arbeiterbewegung betrachten und, falls sie Englisch lernen sollten, nur den »Morning Star« lesen. Aber bis dahin ist noch eine Weile Zeit.

Daß Ihr noch eine Kuchenform von uns habt, wußte ich gar nicht. Ein seltsames Souvenirstück.
So schön manche Erinnerungen sind, bleiben werden wohl nur die Verbindungen, die auch eine Perspektive, und sei sie noch so karg, einschließen. In dem Zusammenhang interessiert mich, ob und wann Herbert zu seiner Lesung nach Hamburg reist. Er wird sich natürlich nicht mit mir treffen können. Aber manchmal gibt es ja komische Zufälle.
Das ist auch eines von den Dingen, die schon so weit weg sind: die staatliche Verordnung, daß jenseits der Elbe nur Klassenfeinde wohnen, mit denen Kontakt zu haben unerwünscht bis untersagt ist. Irgendwann begreift man das nicht mehr. Diese verzweigten Verkrampfungen und künstlichen Gräben, als wenn es nicht schon genug reale Gräben gäbe.
Aber falls es klappt und ich in ein paar Wochen Dresden besuchen darf, wünsche ich mir bei Euch Kaffeetrinken mit Kuchen aus unserer Form.

Liebe Renate,
heute ist der 13. Februar. In einer Stunde beginnt in Dresden der »Freischütz« in der neuen alten Oper. Um zehn werden dann die Glocken läuten. Wie jedes Jahr am Tag und zur Stunde der Zerstörung. Ich hatte gehofft, in diesen Tagen dazusein. Habe es bis gestern abend gehofft. Wider besseres Wissen.
Die DDR rächt sich an den Ausgereisten – an der einzigen Stelle, wo sie durch sie noch verwundbar sind: am Heimweh nach Menschen, Landschaft und Erinnerungen.
Heimat ist da, wo einen die Leute kennen. Ich glaub', das hat Lenz geschrieben. Wir sind jetzt heimatlos. Frohlockend verweigert die DDR das Einreise-Visum. Und Ihr wartet noch immer auf das für die Ausreise, jetzt schon das dritte Jahr. Es scheint, als werde es im blinden Streuwurf vergeben. Ihr wart die ersten mit dem Antrag, hattet ihn schon längst gestellt, als wir noch immer verunsichert zweifelten. Wir waren die ersten, die rausflogen.
Für uns wart Ihr wie ein Katalysator. Durch Eure Entscheidung zu gehen, wurden wir plötzlich mit einer Realität konfrontiert, die bislang nur fiktiv war. Bis dahin hatten wir nur aus der Ferne davon gehört. Von einem, der einen kannte, der wußte, daß einer wollte. Auf einmal war das Problem nicht nur ganz

nah, sondern auch alles, was damit zusammenhing. Wie und wann ist das zu schaffen? Auf welche Sicherheiten kann man bauen? Ihr hattet mehr Verwandte hier, damit schien die Basis solider.
Aber das war ja schon der zweite Schritt. Viel schwieriger war der Entschluß, wirklich mit allem zu brechen. Alles aufzugeben: bisherige Lebensformen, Ziele, Freunde, Haus und Arbeit. Eine zwar unbefriedigende, aber gesicherte Gegenwart gegen eine völlig ungewisse Zukunft zu tauschen. Was uns erwartet, wußte ja keiner so recht. Das ging bis zu der Frage, was wir machen, wenn die drüben sagen: »Die wollen wir nicht!« Dann hinge man zwischen Baum und Borke, es gäbe kein Vorwärts, und ein Zurück wäre sowieso ausgeschlossen.
In unserem »Tal der Ahnungslosen«, unserem vom Westfernsehen unberührten Dresden, ist man um vieles unsicherer als anderswo. Bundesdeutsche Realität bleibt auch für Informationssuchende verschleiert. Was Du in DDR-Medien liest und hörst, kannst Du vergessen. Danach ist Westdeutschland ein Tummelplatz der Neonazis und wird ausschließlich von Arbeitslosen, Rauschgiftsüchtigen und Revanchisten, die nach ihren deutschen Ostgebieten schreien, bevölkert. Ernst zu nehmende Zeitungen von hier bringen Verwandte bei Besuchen aber niemals mit. West-Omis schwören auf das Goldene Blatt, Kusinen schicken Tina, Brigitte und Neue Mode. Dort siehst du dann glückliche Frauen an blitzenden Töpfen, strahlende Kinder, weil sie Schuhe der Firma XY tragen, dazu den smarten Mann vom Marlboro-Plakat. Das ist ja nun nicht grad die Welt, die man sucht. Und immer deutlicher wird, wie wenig man kennt,

wofür man sich entscheidet. Also läßt sich der Entschluß reell nur aus der wachsenden Aversion gegen das bisherige Leben aufbauen. Ernüchterungen und Enttäuschungen müssen zu Bergen wachsen, die nicht mehr zu umgehen sind.
Ihr wart da immer einen Schritt weiter. Und je mehr wir über diese Dinge sprachen, rätselten, stritten, desto schwächer wurden unsere Gründe, die für Bleiben sprachen. Meinte man anfangs noch, Wellenbrecher und Gegenpol sein zu müssen, so wollte man später wenigstens in einem begrenzten Bereich Einfluß ausüben, schließlich nur noch Freunde tragen. Alles mündete im Rückzug auf den privaten Bereich. Wir gingen in Gruppen wandern und gruben versonnen unser Erdbeerbeet um. Das letzte Argument hieß nur noch Feigheit. Denn daß wir Eure Meinung rundum teilten, hakte sich immer deutlicher als Erkenntnis fest.
Daß wir jetzt nach so kurzem Anlauf schon ein Jahr vor Euch da sind, mutet wie Ironie des Schicksals an. Natürlich verstehe ich, daß Ihr deprimiert seid, wenn wieder einer aus der Umgebung weg ist, und nur bei Euch rührt sich nichts. Trotzdem kann ich Euch nur raten, die verbleibende Zeit so wenig aufreibend wie möglich zu gestalten. Ihr werdet Eure Kräfte noch brauchen für den Einstieg hier. Und dann nicht nur für die seelischen Belastungen, Streß und Hektik, so ruckweise kommt nämlich auch immer mal so was wie Heimweh dazu. Als heilsame Ernüchterung für sentimentale Regungen hat sich bei uns allerdings eine direkte Sozialismus-Wiederbegegnung in der ČSSR erwiesen. In der Erinnerung verklärt sich ja alles, man hängt nur den schönen Dingen nach, die

unangenehmen aber sind schnell vergessen. Auf einmal wurden wir wieder darauf gestoßen.
Wir hatten uns mit Hartmuts Cousin in Karlsbad verabredet. Da treffen sich alle, die nicht in die DDR dürfen, mit Freunden und Verwandten. Wie sehr wir uns schon an die freundliche EG-Grenze, wo Du kaum den Paß öffnen mußt, gewöhnt haben, wurde uns erst angesichts der Panzersperren, des geschlossenen Schlagbaums und der Soldaten mit MG bewußt. Früher ist mir das nie aufgefallen. Die gehörten da eben hin. Jetzt wirkt das auf mich geradezu einschüchternd. Zudem empfingen uns die Grenzer auch noch mit der Frage: »Und mit wem treffen Sie sich in Karlsbad?«
Das kam so überraschend, daß uns nichts Besseres einfiel, als »Mit keinem« zu antworten. Denn wir hatten überhaupt nicht darüber nachgedacht, ob das vielleicht Unannehmlichkeiten bringen könnte, zumindest für den Cousin.
»Wir wissen genau, daß Sie sich mit jemandem treffen. Das machen alle hier. Wir haben auch nichts dagegen. Aber wir wollen wissen, mit wem.«
»Wir machen einen Wochenendausflug.«
Auch das war keine besonders geschickte Lüge. Und sie wurde noch ungeschickter, als wir den Kofferraum öffnen mußten. Der Grenzer schaute in alle Tüten und wollte dann wissen: »Für wen ist das viele Obst?« Drei Kilo Apfelsinen, drei Ananas, Pampelmusen, Kiwi.
»Das wollen wir essen.«
»So viel?«
»Wir essen gern Obst.«
»Und wofür ist das?«

Die Oma wollte für ihren Hund ein Paket Frolic mitgeschickt haben.
»Für unsern Hund.«
»Ich sehe keinen Hund. Wo ist der?«
»Zu Hause.«
So ging das eine halbe Stunde. Auf jedem Gepäckstück lagen drei Fragen. Dann nahm der Grenzer Hartmut beiseite und probierte es plötzlich ganz freundschaftlich: »Mein Gott, mir können Sie es doch sagen . . .«
Als Hartmut aber bei unserem Wochenendausflug blieb, wurden wir mit der Drohung entlassen: »Sie werden ja sehen, was Sie davon haben. Wenn Sie sich doch mit jemandem treffen, sind Sie für die Folgen ganz allein verantwortlich!«
Das war wie ein böser Fluch, denn fortan fühlten wir uns beobachtet. Erst viel später fiel uns ein, daß man eigentlich einen beliebigen Namen hätte angeben können. Und was geht den unser Frolic an. »Das essen wir immer«, hätten wir sagen und ihm einen Hundekuchen anbieten müssen. Wir ärgerten uns, weil wir wie folgsame DDR-Bürger reagiert und vor der Uniform gekuscht hatten. Eben weil wir wußten, der hat den längeren Arm. Der kann uns zurückschikken. Und in Karlsbad wartet F. dann umsonst.
Wir sagten uns gegenseitig, daß man sich nicht verrückt machen soll. Schließlich taten wir nichts Verbotenes. Aber das Gefühl, es könnte uns einer observieren, blieb.
Was aber noch problematischer war, ich mußte Christine beibringen, den »bösen Onkels« von der Grenze auf keinen Fall zu sagen, mit wem wir uns getroffen hatten. Wir haben überhaupt keine Bekannten gese-

hen! Tine starrte mich fassungslos an, als ich sie zum Schwindeln überreden wollte. Aber bei früheren ČSSR-Urlauben ist es uns mehrmals passiert, daß der Mann vom Zoll als erstes freundlich die Kinder fragte: »Na, was habt ihr denn Schönes gekauft?« Und Stephan, stolz so ernstgenommen zu werden, hat auch prompt alles aufgezählt ... Inzwischen war er alt genug, die Situation in Karlsbad wenigstens gefühlsmäßig richtig einzuschätzen. Aber erkläre das mal einem fünf Jahre alten Mädchen.
Verständigungsschwierigkeiten gab es mit Hartmuts Cousin nicht. Wir konnten da anknüpfen, wo wir ein Jahr vorher aufgehört hatten. Es war da kein Abstand, zumindest in den paar Stunden. Nur im Gebrauch der Wendung »bei uns/bei Euch« ging es durcheinander. Sagt hier einer zu mir »bei Euch«, meint er die DDR. Und mir rutscht auch manchmal noch ein »bei uns« raus, obwohl ich es zu unterdrücken suche. Wenn F. »bei Euch« sagte, meinte er immer den Westen. Und wir sagten dazu: »Bei uns.« Ein Stück sind wir eben doch schon weg.
Bei der Rückfahrt hat uns kein Mensch angeschaut, keiner irgendwas gefragt. Der ganze Zirkus, ob wir nun einen treffen oder nicht, war lediglich Bluff. Aber warum bloß?!
Was soll ich Euch jetzt raten? Auch wenn Ihr bei Deiner Cousine eine erste Bleibe findet, der Beginn hier ist nicht leicht. Die Arbeitslosigkeit haben wir alle unterschätzt. Obwohl die Chancen für einen Ingenieur aus dem Sozialismus nicht besonders gut stehen, irgendwo findet sich immer eine Lücke. Das wird auch bei Euch so sein. Man muß halt suchen, sich wie saures Bier anbieten. Unser Vorteil ist, daß

wir an keinen Ort gebunden sind. Kein Haus und kein Gut haben, auch keinen, für den wir sorgen müssen. Dann richtet man sich ein. Gewöhnt sich an die angenehmen Seiten des Lebens hier ganz schnell. So, als gehörten sie schon immer zu einem. Und beginnt, sich über die weniger schönen zu ärgern. Auch davon gibt es eine ganze Menge. Die Freiheit hat ihre Schattenseiten vor allem darin, daß sie auch Schlechtes zuläßt.

Solange es sich kommerziell ausschlachten läßt, werden alle Abgründe der menschlichen Seele ausgiebig bedient. Zum Beispiel per Video. Nicht anders als in der DDR sind auch hier die wenigsten in der Lage, mit dem Fernsehen richtig umzugehen. Da sitzt man eben und läßt sich berieseln. Video ist die nächsthöhere Stufe. Da gibt es nicht nur gewöhnliche Filme, sondern auch harte Pornographie und Horror. Ich hab mir mal bei der Polizei Teile aus Filmen, die auf dem Index stehen, angeschaut. Da sind sogar Männer rausgegangen. Frauen werden nicht bloß vergewaltigt, sondern aufgefressen. Oder auf einen Fleischhaken gespießt oder in die Tiefkühltruhe geschmissen. Natürlich unter furchtbarem Geschrei und Gezappel. Augen werden ausgestochen, Kehlen durchgebissen. Immer in Großaufnahme. Und das schauen sich dann 12- bis 15jährige mehr oder minder heimlich an. So als Gesellschaftsspiel, wem zuerst schlecht wird.

Die meisten Eltern haben nur wenig Zeit für ihre Kinder. Statt Zuwendung gibt es Geld. Stephans Klassenkameraden haben als Spielzeug unter anderem einen Fernseher, einen Computer, ein Funksprechgerät.

Ich will Euch keinen Schreck einjagen, die Träume nur etwas realistischer machen. Wir haben keinen Tag bereut, daß wir aus der DDR weg sind. Aber man muß erst lernen, in dieser Welt hier zurechtzukommen.
Drüben wird jeder in die gleiche Haut gezwängt. Ob die ihm nun paßt oder nicht. Der Mensch im Sozialismus ist immer edel, hilfreich und gut oder wenigstens auf dem Wege dazu. Hier darfst Du auch mal böse sein, mußt natürlich aber damit rechnen, daß andere es ebenfalls sind.
Hier mußt Du auch begreifen, daß vieles für Frauen schwerer ist. Du mußt besser und fleißiger sein, einfach weil Du (nur) eine Frau bist. Chefs sind meistens Männer. In einer Werbung wurden kürzlich Herrenhosen angepriesen, indem man Männerbeine fotografierte und dazwischen eine Frau in kurzen Höschen auf Händen und Knien kriechen ließ.
Müßig, das Thema aller Verwandtenbesuche noch mal zu variieren. Was kostet das bei Euch, was bei uns? Geld anzulegen lohnt sich nur in guten Antiquitäten. Aber so was ist eben Glückssache. Denn ob es der DDR-Zoll passieren läßt, weiß man vorher nie. Für meine Meißner Vasen hat sich keiner interessiert. Bei meiner Freundin Susanne aber sind zwei Jugendstilgläser und ein alter Bauernschrank, den sie über Generationen geerbt hatten, rausgefischt worden. Das wird dann »Registriertes Kulturgut der DDR« und darf nicht außer Landes kommen. Das heißt, man kann es nur verschenken oder verkaufen. Gold ist als Anlage auch Unsinn, das Wertverhältnis ist eins zu acht.
Wir haben viel falsches Zeug mitgenommen, wichti-

ges dagelassen. Garderobe braucht Ihr nur das Nötigste. Das gibt es hier um so vieles schicker. Das billigste Kaufhaus bietet mehr als in der DDR die teuersten Exquisit-Läden.
Warum wir aber Ski und Schlitten zu Hause gelassen haben, viel Handwerkszeug, Matratzen, Elektro- und Küchengeräte, wissen wir inzwischen selbst nicht mehr. Klar gibt es auch da viel bessere. Bloß, Du hast ja kein Geld und ärgerst Dich über jede Mark, die Du für Zeug bezahlen mußt, das Du zu Hause weggegeben hast. Während eines Höhenflugs denkt man wenig an die praktischen Gegebenheiten der Landung. Die Schwierigkeit ist: Einerseits darf das Umzugsgut nicht zu viele Kubikmeter umfassen, denn Du mußt ja den Transport sofort in DM bezahlen, wenn er hier ankommt. Und das in der Regel zu einem Zeitpunkt, wo Du überhaupt noch kein Geld hast. Zum anderen sollte er aber all das enthalten, was man zum Leben braucht. Du mußt also genau auspeilen, an welcher Seite Du was sparen kannst.

Im April wollen wir nach Paris fahren. Einen solchen Satz gelassen hinzuschreiben, allein dafür lohnt es sich, vieles aufzugeben. Das ist wie Zauberei. Was Dir lebenslänglich verboten war, ist jetzt eine alltägliche Sache.
Die Alltäglichkeit sieht dabei so aus, daß ein billiger Wochenendausflug im Bus und mit einer Übernachtung 100 Mark kostet. Anderthalb Tage Paris! Du kannst sagen, du bist dagewesen, mehr nicht. Kannst dich vor dem Eiffelturm fotografieren lassen, damit es die Verwandschaft glauben muß. Und all denen, die du ärgern willst, schickst du eine Ansichtskarte. Mit

blauem Himmel und wie überwältigend es ist. Die kannst du vielleicht schon vorher hier kaufen, dann sparst du in Paris Geld.

Ein Jahr ist die Zeit, die man mindestens braucht, sich einzugewöhnen. Bewußt und unbewußt. Nicht, daß ich an Träume und deren Deutung als Orakel glaube. Aber ein Gradmesser für mich ist, daß in den nachts zusammengeträumten Geschichten jetzt zunehmend eine andere Landschaft auftaucht. Waren es anfangs immer nur Dresden, oft sogar unsere Straße oder Wohnung oder Ostseeurlaubsorte und Erzgebirge, so kommen jetzt Stücke aus durchreisten Städten, westlichen Filmen und schwäbischen Wäldern vor. Die Indianer sagen, daß im Traum die Seele vom Verstand nicht kontrolliert wird und folglich frei umherschweifen kann. So schafft sie eigene Bilder. Meine Seele hätte danach aufgehört, sich an der Vergangenheit festzuklammern, und beschäftigt sich nun mit dem, was hier auf sie zukommt.

Bei den Kindern ist das ähnlich. Stephan spielt mit seinen Lego-Figuren Banküberfall und Christine Stau auf der Autobahn. Das sind natürlich fragwürdige Einflüsse. Aber die gehören eben hier auch zum Alltag.

Daneben lernt Stephan Geige, was schauderlich klingt, und geht regelmäßig zum Judotraining. Das ist wichtig, da ich ja bis abends arbeiten muß und so wenigstens weiß, was er mit seiner Zeit anfängt. Ein Jahr hat es ungefähr gedauert, ehe er in seiner Klasse akzeptiert wurde, er nicht mehr sagt: »Also, in Dresden haben wir das alles ganz anders gemacht . . .« Die katastrophale schwäbische Grammatik durchdringt allmählich seine Umgangssprache. Statt »gibt«

wird »hat« gesagt, statt »soll« »gehört« und statt »halten« heißt es »heben«. Aber sein Lehrer meint, die drei Jahre Erziehung zum Kollektiv seien noch immer spürbar. Vor allem darin, daß er sich gern in der Menge versteckt, weniger Einzelwesen als die anderen ist. Den Sprung aufs Gymnasium hat er gerade so geschafft. Intelligent, aber stinkfaul – daran hat sich auch hier nichts geändert.
Da wir ja nun in einer sehr materiell orientierten Welt leben, haben wir versucht, ihn mit materiellen Dingen zu ködern. Pro Eins gibt es eine Kinokarte. Aber das hat bisher auch nichts genutzt. In Mathe kriegt er, ohne sich anzustrengen, Einsen und Zweien, aber wenn du ihn fragst, ob Tulpen Pfahlwurzeln oder Zwiebeln haben und ob man Grammatik mit einem M oder zweien schreibt, kommt da nichts Gutes bei raus. Hoffnungsvoll stimmt allerdings, daß er mich solche Dinge fragt: Wie saurer Regen entsteht, wie ein Computer innen aussieht, warum es Arbeitslose gibt.
Je kleiner die Kinder sind, desto leichter fällt ihnen die Umgewöhnung. Eure Töchter, nun schon im Alter des Gymnasiums, werden es nicht einfach haben. Es ist mehr als nur eine Welt mit umgekehrten Vorzeichen. Entfernung und Unterschiede zwischen den beiden deutschen Staaten, Schulsystemen oder Lebensformen sind größer als zum Beispiel zwischen der DDR und ČSSR. Gemeinsame Sprache, Geschichte und Kultur müssen da viel aufwiegen. Die DDR-Technik liegt um Generationen zurück, Wirtschaft und Management sind ein Witz. Das strahlt natürlich aus. Angenehmes wie Unangenehmes. Manches an der Perfektion hier, die jeden Tag noch

perfekter wird, ist erschreckend. Es gibt nur noch Leistung oder Versagen. Gut, darauf waren wir aus, bloß kommt mir langsam der Verdacht, daß die Gesellschaft hier daran krankt, das rechte Maß zu finden. Die einen vergöttern die Technik, die anderen verteufeln sie. Und Medien und Werbung tun das ihre, die Leute restlos durcheinanderzubringen. Begeisterung und Angst liegen dicht beieinander.
Vielleicht ist es gut, daß Hartmuts Arbeit in den ersten beiden Jahren im wesentlichen Ausbildung ist. Sicher kurios, daß grad er, der erst studiert, dann und promoviert hat, jetzt noch mal von vorn anfangen muß. Aber so wird er systematisch an Dinge rangeführt, die er sonst bestenfalls intuitiv aufnehmen könnte. Sicher hatte er sich anderes erhofft. Nur hat es keinen Sinn, hochgestochene Erwartungen auf Biegen und Brechen durchsetzen zu wollen. Du mußt von der jetzt erkannten Realität ausgehen. Sie richtig einschätzen und danach deine Ziele neu festsetzen, als Kompromiß aus Möglichem und Erwünschtem.
Verändern muß sich jeder. War in der Dresdner Redaktion eine mit Verantwortungsgefühl verwechselte Selbstzensur gefragt, so darf hier ein Journalist nicht kuschen. Aber ehe man sich solch unverfrorenen Anspruch als wirklich wesensimmanent angeeignet hat, braucht es seine Zeit. Das Zurückzucken vor der Staatsmacht sitzt noch tief in den Knochen. Unabhängigkeit und Bildung sind plötzlich ganz anders gesetzt als bei einer parteieigenen Zeitung.
Vor ein paar Wochen hab' ich einen Artikel über neue Architektur in unserem Städtchen geschrieben und dabei festgestellt, daß viele der modernen Häuser einfach häßlich seien, und am häßlichsten und

unproportioniertesten sei das Rathaus. Daraufhin hat mir der Bürgermeister einen zweiseitigen Dankesbrief geschickt. Sein häßliches Rathaus zwar verteidigt, aber gemeint, der Artikel sei »zeitgeschichtlich bedeutsam«, und ich sollte so was unbedingt weitermachen. In Dresden hatte ich einmal in einem Manuskript die Formulierung »gebaute Langeweile« gebraucht. Der Satz wurde vom Chefredakteur sofort gestrichen, weil er angeblich das sozialistische Wohnungsbauprogramm diffamierte. Und ich bekam einen halbstündigen Vortrag über mangelnde politische Reife. Solche Erinnerungen verblassen aber immer mehr. Und wenn man versucht, hier anderen davon zu erzählen, dann wird man nur ungläubig angeschaut, gerade, als spräche man über Münchhausens Abenteuer.

Wir haben uns hier mit einer Arztfamilie angefreundet. Als sie von ihrer Urlaubsreise aus den USA zurückkam, hab' ich sie eingeladen, um mir ein bißchen davon erzählen zu lassen. Am Ende aber haben wir doch wieder lauter DDR-Geschichten zum besten gegeben. Ostdeutschland ist das fernere Land. Und je weiter man davon weg ist, desto ulkiger fallen die Schilderungen aus. Obwohl es, wenn man mittendrin steckt, gar nicht ulkig ist. Aber diese Mischung aus Unsinn und Verbissenheit gerät zwangsläufig irgendwann zur Satire. Warum es sozialistische Brigaden im Büro gibt, was ein Kollektiv der Deutsch-Sowjetischen Freundschaft dabei zu tun hat, und was ein VMI*-Einsatz ist, kann man immer weniger erklären.

* Volkswirtschaftliche Massen-Initiative.

Dabei ist vieles gut gemeint. Bloß zwischen gut gemeint und gut gemacht klaffen Abgründe.
Die Neugier der Leute bleibt fortwährend. Immer wieder passiert es mir, daß ich, wenn ich zu einem Gespräch gehe, erst vorsichtig gefragt werde: »Na, Sie sind wohl auch nicht von hier?« Und wenn ich dann sage, daß ich noch vor einem Jahr in Dresden war, sind es die anderen, die mich interviewen. Naiv und neugierig, manchmal auch mit vorgefaßten Meinungen, die du ihnen schwer ausreden kannst. Aber niemals mißtrauisch. Auch nicht abwertend. Ein Regisseur aus Bremen hat sogar gemeint: »Da erwarte ich aber von Ihnen dialektisch zugespitzte Fragen.«
Mißtrauen ist mir hier nur einmal begegnet. Bezeichnenderweise von einem ebenfalls aus der DDR kommenden Maler. Er sei zuviel von Journalisten bespitzelt worden, sagte er, und zwar im Osten wie im Westen. Und am ehesten erkenne man die ausgeschickten Leute an ihrer Schulung, ihrer Art der Fragestellung und Gesprächsführung. Wie soll man sich gegen so was verteidigen? Ich hab' ihm nur gesagt, daß er sich da auf sein Gefühl verlassen müsse, und im übrigen läge es ja bei ihm, was er mir erzähle und was nicht. Nach einer Stunde wurde er dann zugänglicher, bestand aber darauf, daß das Tonband ausgeschaltet bleibt. So viel Ängstlichkeit ist mir inzwischen fremd.
Ich bin mir zwar sicher, daß viele Briefe, die über die Grenze gehen, sowohl von der einen wie von der anderen Seite gelesen werden. Aber das ist mir im Gegensatz zu früher ziemlich egal. Es fehlt die staatliche Festlegung, daß jenseits der Elbe nur Klassen-

feinde und Unterdrückte wohnen. Der Kontakt mit der West-Oma oder jetzt der Ost-Oma ist keine mißbilligte Handlung mehr. Auch das ist ein Teil des nebulösen Freiheitsgefühls, das so schwer zu beschreiben ist.
Bei Briefen aus der DDR aber muß ich dauernd rätseln, was denn mit dieser oder jener Formulierung gemeint sein könnte. Diese Sprache durch die Blume und das Umschreiben mit komplizierten Metaphern verlernt man so schnell, wie man sich aus einem Krampf löst. Wenn Onkel Hugo Tante Erna küßt – hat er das wirklich gemacht oder soll einem mit diesem Satz etwas ganz anderes mitgeteilt werden? Das ist oft schwer auszumachen.
Unsicher bin ich auch, wie man denn nun mit DDR-Bürgern umzugehen hat. Zumal in unserem Fall als Ehemalige. Wahrscheinlich sind wir mißliebiger als jeder andere. Ein mir bekannter Schriftsteller sollte im Mai zu einer Lesung nach Hamburg reisen. Das stand schon lange fest. Und noch in Dresden haben wir uns ausgemalt, wie wir zusammen essen gehen würden – im Westen.
Anfangs hat er noch angedeutet, daß er sich freut, uns bald wiederzusehen. Als ich mich dann aber nach dem konkreten Wann und Wo erkundigt habe, kamen keine Briefe mehr. Weihnachten dann plötzlich ein Paket mit großem Bildband über Jugendstilkunst, dazu eine Karte aus der ČSSR mit sich windendem Text. Schluß. Und ich habe Hemmungen, ihm noch mal zu schreiben. Am Ende vermassele ich ihm durch meine Ungeschicklichkeit seine Reise. Also schweige ich. Und vielleicht sieht man sich nie wieder. Vielleicht aus Mißverständnis, vielleicht staatlich geplant?
Anderen geht es nicht besser. Susanne, die jetzt in

München wohnt, trauert auch vielen Freunden nach. Sie war mit ihrer Familie kurz nach uns rausgelassen worden, hat also wie wir den Vorteil der Legalität, der ordnungsgemäßen »Entlassung aus der Staatsbürgerschaft der DDR« und damit die Hoffnung, Verwandte und Bekannte irgendwann wiedersehen zu können.
Schwieriger ist es bei denen, die unkontrolliert entwichen sind. Ich hab' überhaupt nicht gewußt, was es da für Horrorgeschichten gibt. Betäubte Babys im Kofferraum, dann in Berlin die Mitteilung: Heute geht es nicht, also zurück. Nach vier Wochen noch mal den Kindern Tabletten geben, wieder umsonst. Oder andere, die an Kriminelle geraten sind, die sie haben auffliegen lassen und dann möglicherweise gleich zweimal kassiert haben.
Am kuriosesten war die Geschichte einer Flugzeugentführung. Da wollte eine Familie von Prag nach Berlin und merkt plötzlich, daß das Flugzeug in Tempelhof landet. Der Entführer, der mit einer Spielzeugpistole gearbeitet hatte, stand auf einmal im Fahrgastraum und sagte: »Wer hier aussteigen will, soll mitkommen . . .« Und dann entscheide dich mal. Die Familie hat sich entschieden, und das ist jetzt gut sieben Jahre her. Bloß bis heute konnte sie nicht beweisen, wirklich nichts geahnt zu haben.
Die alle leben in dem Bewußtsein, nie mehr die DDR betreten zu dürfen. Nicht mal bei Todesfällen in der Familie oder bei anderen schwerwiegenden Anlässen, da sie jederzeit mit strafrechtlicher Verfolgung rechnen müssen. Vielleicht ist so ein abrupter Schnitt auch besser. Du weißt dann, daß du sentimentale Träume nicht träumen darfst. Aber es hat

auch etwas von der Therapie, ein schmerzendes Bein einfach abzuhacken.
Jedenfalls haben alle, die ich bisher getroffen habe, irgendwie Fuß gefaßt. Millionäre sind sie zwar nicht geworden, aber verhungert und verkommen ist auch keiner. Und auch keiner vor Sehnsucht krank. Wäre da nicht der verräterische Dialekt, der immer noch durchschimmert, man würde keinen Unterschied zu den hier Geborenen merken.
Nur manchmal, wenn man mit einem von ihnen allein ist, werden Fragen wach: nach dem Sinn des Jagens im Beruf, nach dem tatsächlichen Wert der angestrebten Ziele, nach dem Funktionieren einer Ehe im Dauerstreß, nach einer gerechteren Behandlung als Frau, nach Leitbildern für die Kinder. Die Reglementierungen und Zwänge durch den Staat sind zwar weggefallen bzw. durch andere, vom kapitalistischen Markt bedingte ersetzt – aber leichter und unbelasteter wird das Leben dadurch nicht. Kämpfen mußt Du überall. Gegen Bürokratie, Dummheit, Verführungen und manchmal auch gegen dich selbst. Gegen Trägheit, Angst, Irrtümer und Leichtsinn. Das gibt es alles auch hier. Und zu allem Überfluß bunt schillernd verpackt.
Du bist von einem knarrenden und in allen Fugen krächzenden Karussell auf ein Riesenrad gesprungen. Das dreht sich schneller, höher, und die Aussicht ist besser. Aber du wirst genauso gedreht und drehst dich mit, nur manchmal – wenn du Glück hast – schaffst du es jetzt, die Gondel auch ein bißchen für sich schwingen zu lassen. Daß es aber anhält, wenn du grad oben bist, ist nicht zu erwarten.

Ich wünsche Euch, daß Ihr diese Erfahrungen bald selbst machen könnt. Ganz gleich, wie es ausgeht: Besser als ein bedrückendes Dasein mit unbearbeitetem Ausreiseantrag, mit zermürbendem Nervenkrieg und Rechtfertigungszwang ist es allemal. Zwar ist Westdeutschland vom Himmel genauso weit weg wie die DDR. Aber die Sonne scheint heller, die Nächte sind dafür dunkler, und der Nebel ist nicht so gleichmäßig verteilt.
Die größte Härte für Euch ist, auf etwas zu warten, von dem keiner weiß, wie lange es dauert. Könnten Briefe Hilfe sein . . .

Liebe Susanne,
endlich! Es hat geklappt. Nach langem Suchen haben wir die Wohnung gefunden, die genau zu uns paßt und die erschwinglich ist. Fünf Zimmer, eine Viertelstunde von meiner Redaktion entfernt und jeweils zehn Minuten zu Schule und Kindergarten, dazu ein Blick auf Wald und Weite. Du kannst Dir gar nicht vorstellen, was das für Auftrieb gibt. Da sie leerstand, konnten wir schon mit Vorrichten anfangen und einen Teil der Möbel hinbringen. Was irgendwie geht, stopfen wir in unsere Pkws und machen den Umzug so weitgehend allein. Die Kinder sind glücklich, daß endlich jedes wieder ein Zimmer für sich allein hat, dazu ringsum Wiesen und Bäume. Weg von unserer donnernden Straße und dem zwergig zugepflastertem Hof ohne einen Grashalm. Meine Zimmerpflanzen jauchzen auf angesichts von Balkon und großen Fenstern. Jeder wird einen eigenen Arbeitsplatz haben, und unseren großen alten Bücherschrank konnten wir endlich vom Speicher holen. Bislang war er dort untergestellt, und wir mußten jeden Monat dafür 30 Mark zahlen. Ihn wegzugeben, konnte ich mich aber nicht entschließen. Fort von zu Hause haben alte Familienerbstücke noch viel mehr Bedeutung. Den Bücherschrank hat sich mein Großvater mal anfertigen lassen, auf der

linken Seite mit einer Spezialvorrichtung, da hingen seine Jagdgewehre. Den dazugehörigen Schreibtisch habe ich damals, als Hartmut im Irak war, verkaufen müssen. Einmal, weil ich keine andere Möglichkeit hatte, den Möbeltransport aus der DDR zu finanzieren, zum anderen war er aus einem Stück und nur von vier Männern zu bewegen. Wo sollte ich jedesmal vier Männer herkriegen? Den Bücherschrank zu retten, hat uns also 300 Mark gekostet. Dafür ist er jetzt heimgeholt. Den Möbelträgern lief der Schweiß runter, als sie ihn die Treppe hochbrachten. Einen Moment habe ich überlegt, ob ich sie nicht schnell zum Kaffee einladen soll. Aber dann denkt man daran, daß ja jeder die Stunde 30 Mark kostet. Eine Stunde Kaffeetrinken mit zwei Mann käme also auf 60 Mark. Statt so viel für eine freundliche Geste zu bezahlen, hab' ich ihnen halt nur zehn Mark in die Hand gedrückt und mich bedankt. Für einen Moment hat mir das zwar leid getan, aber ob ein DDR-Transportarbeiter zufriedener ist, da seine Beköstigung als selbstverständlich gilt? Beim gemeinsamen Essen unterhält man sich dann darüber, was es alles nicht gibt und was man alles nicht darf. Das verbindet noch mal und schafft vor allem die Gewähr, sich die Gunst des Handwerkers oder Dienstleistenden zu erhalten. Falls man ihn wieder mal braucht. Hier wird alles mit Geld geregelt.
Eine neue große Wohnung, das ist, als wenn man noch mal jungverheiratet den Hausstand einrichtet. Wir hatten in der alten Wohnung vieles gar nicht ausgepackt, sondern in Kisten im Keller gelassen. Ich wußte gar nicht mehr, was wir alles so mitgenommen hatten an Vasen und Gläsern, Figürchen und Bildern.

Räume sind Spiegel der darin Lebenden und prägen sie zugleich. Wobei es sicher auch kleine Zimmer gibt, die Größe atmen, und große, die nur öde prunken.
Jetzt haben wir nicht nur wieder all das um uns, was wir mögen, sondern genießen auch den vielen herrlichen Schnickschnack, den es hier zu kaufen gibt. Aber so was macht eine Wohnung eben wohnlich: Pflanzentöpfe und Körbe, Blumen und Bilderrahmen, Buchstützen und Teewärmer. Wir genießen, daß die Kacheln im Bad die gleiche Farben haben wie die Toilette und das Waschbecken; genießen, daß wir Platz haben, uns auch mal voreinander zurückzuziehen. Kurz: Wir fühlen uns sehr wohl. Daß wir die Paris-Reise dafür verschieben mußten, ist leicht in Kauf zu nehmen. Fahren wir halt nächstes Jahr . . . Denkt mal darüber nach, ob wir das nicht zusammen machen können!

Lieber Manfred,

es ist nicht einfach, Dir einen solchen Brief zu schreiben. Denn zwangsläufig heißt ein Urlaubsbericht die Schilderung von alldem, was Euch verboten ist. Nur Reisekader dürfen ins NSW. Du mußt Dir das Wort mal auf der Zunge zergehen lassen. NICHTSOZIALISTISCHES WIRTSCHAFTSSYSTEM – allein die Vokabel ist blanke Demagogie, suggeriert sie doch mit der Verneinungsform, daß Sozialistisches das Normale, eigentliche Große und Ganze sei.

Alle wissen, wie unsinnig das ist, und doch benutzen sie diese idiotischen monströsen Wortgebilde. Ich habe es ja auch gemacht. Und nach einer Weile merkt man gar nicht mehr, wie das klingt, und daß über Sprachschemata auch Denkschemata wachsen. Aber darüber wollte ich eigentlich gar nicht schreiben, sondern über unseren Urlaub, über unsere erste Reise nach Italien.

Ich entsinne mich: Manchmal, im Vorfrühling, so Februar oder März, kam eine Zeit, da wurdest Du unruhig, träumtest mit offenen Augen, erzähltest von Freunden in Warschau oder Urlauben in Rumänien. Das Wort Fernweh kam immer öfter vor. Dann dauerte es meist nicht lange, bis Du Deine Familie in den Trabant ludst oder Dich allein in den Zug setztest. Und wenn es nur bis Weimar oder Prag war. Du mußtest ein Stück raus, mußtest unterwegs sein, zu neuen Menschen, neuen Erlebnissen. Nicht wie ein Tourist Sehenswürdigkeiten abarbeiten, sondern Bilder sammeln. Bilder, die es dann nur in unserem Inneren gibt, die aber unseren eigentlichen Reichtum ausmachen. Ich hab' Dir furchtbar gern zugehört, wenn Du dann, wieder zu Hause angekommen, von Deinen Erlebnissen erzähltest. Du hast ein Talent, die wunderlichsten Leute zu treffen. Verschrobene Bäuerlein und überspannte Schauspieler, eine Frau, die grad Chinesisch lernte, oder ein durchgegangener Ehemann kamen mindestens in Deinen Berichten vor. Und manchmal haben wir auch gemeinsam über einem Bildband geträumt und versucht, uns vorzustellen, wie das wäre, wenn man plötzlich in Venedig über den Markusplatz laufen würde, in Paris vor dem Eiffelturm stünde oder auch nur in der Provence Knoblauch kaute. Aber wir wußten, das wird nie sein. Folglich sahen wir uns die Fotos wie Bilder aus einem Märchenbuch an.

Bilder von Realitäten, die für uns nur abstrakt galten. Als Name in den Nachrichten, wenn mal einer der DDR-Politiker dahin fuhr, oder als kunstwissenschaftlicher Begriff: italienische Renaissance, Michelangelo, Raffael . . .

Details aus der Sixtinischen Kapelle kannten wir von den Schallplattenhüllen der DDR-Beethoven-Gesamtausgabe. Über den David und seine Proportionen mit den jünglingshaften, viel zu großen Händen hatten wir Vorlesungen gehört. Wir wußten über so vieles Bescheid und hatten letztendlich doch keine Ahnung. So, wie wenn man immer nur Partituren liest, statt endlich auch mal Musik zu hören.

Dieser Urlaub, unsere erste große Reise ins unbekannte Bekannte war für mich eine Offenbarung. Man hat das Gefühl, plötzlich neben sich zu stehen. Begreift, wieso Italien das Ziel der Pilgerfahrten so vieler Dichter und Künstler war und ist. Aus dem braven, geschniegelten und frisch geputzten Deutschland trittst du wie aus einem Haus in die Welt. Räumlich und zeitlich.

In den uns bisher zugänglichen europäischen Ländern begann die Geschichte, von ein paar romanischen Burgen und Kirchen abgesehen, im späten Mittelalter. In Italien begegneten wir zum ersten Mal der Antike, bekamen eine vage Ahnung von den Ursprüngen der Menschheit, der Größe der Vergangenheit. Das mich am meisten beeindruckende Gebäude war das Pantheon in Rom. Ein riesiger, fensterloser Kuppelbau mit einer einzigen Öffnung oben in der Mitte. Da scheint dann die Sonne rein. Innen stehen ringsum Grabmale und Figuren. Raum und Licht wirken hier wie aus einer anderen Welt. Das mögen wohl viele so empfinden, denn die meisten stehen da mit aufgerissenen, staunenden Augen, etwas hilflos und verloren. Ein junger Mann mit langem Haar und Bart legt auf Raffaels Grab eine Blume und bleibt dann still davor hocken. Der Raum schluckt sogar die Berufstouristen, die mit aufgeschlagenem Kunstführer überall durchjagen und auf Seite 193 nachlesen, wann das Pantheon gebaut wurde, wer hier alles begraben liegt, das nur flüchtig mit den Aufschriften an den Steinen vergleichen oder sich bereits darüber unterhalten, was man wo zu Mittag essen könnte.

Irgend jemand hatte Hartmut erzählt, wenn man

nachts nach Italien losfährt und dann auf den Alpen die Sonne aufgehen und das Land ausgestreckt vor sich liegen sieht, das sei ein Augenblick unbeschreiblichen Freiheitsgefühls. Es hat Mühe gekostet, Hartmut davon abzuhalten, uns mitten in der Nacht loszujagen. Jedenfalls wollte er bei Sonnenaufgang am Brenner sein. Natürlich haben wir das nicht geschafft. Und von Weite und Fernblick war auch nichts zu sehen. Vielleicht meinte der Bekannte einen anderen Brenner oder hat sich nur vorgestellt, wie es sein müßte.

Trotzdem war hinter der Grenze alles anders. Die Geschäfte waren schon ein paar hundert Meter hinter dem Zoll-Gebäude nicht mehr in, sondern vor den Häusern. Weidenkörbe, Garderobe, Geschirr, Obst waren in bunter Fülle angehäuft. Alles Leben schien auf die Straße verlagert. Italien hatte begonnen.

Zwei Stunden weiter wuchert der Oleander, der zu Hause in Blumentöpfen vor sich hin kümmert, in meterhohen Büschen am Straßenrand. Die Autobahn windet sich wie eine Schlange auf Stelzen durch das Land und durchbohrt die Berge mit Tunneln. Aber das sieht man nur, wenn man wie wir, um die Gebühr zu sparen, Landstraße fährt. Auf der Autobahn selbst ist alles glatt und in Ordnung. Man kommt schnell voran und merkt gar nicht, was das für ein Fremdkörper in der Landschaft ist. Dienstreisende Professoren haben Hartmut, als er noch Student war, selbstgemachte Dias von den auf schmalen Pfeilern balancierenden Brücken gezeigt. Als Beispiel dafür, was technisch alles geht.

Ich weiß nicht, ob die Autobahn über die Alpen und

durch Italien heute auch noch ein Ingenieursherz höher schlagen läßt.

Die erste Nacht haben wir auf einem Campingplatz am Gardasee verbracht. Zehn Meter vor und 15 Meter hinter dem Zelt jeweils eine Straße. Von da flüchteten wir zur Riviera nach La Spezia – und waren entsetzt: Der Strand glich einem Rummelplatz mit Buden und Karussells. Als wir bloß schnell mal ins Wasser wollten, erwischten wir einen Privatstrand, wo es zehn Mark Eintritt kostete und dafür einen Sonnenschirm gab. Wir wollten aber bloß baden. Drei Kilometer weiter mußten wir nur eine Mark Parkgebühr bezahlen. Dafür saßen hier die Leute dichtgedrängt, und es war so dreckig, daß man nicht ohne Ekel zum Meer ging. Noch am gleichen Abend sind wir weitergefahren. Und waren überrascht, als plötzlich der von Dutzenden Postkarten und Abbildungen her bekannte schiefe Turm auftauchte. Wir waren in Pisa angekommen. Da ich den Turm nur säuberlich als Architekturfoto und ohne Bezugsgrößen gesehen hatte, hab' ich mir ihn eigentlich viel größer vorgestellt. Wäre er nicht schief und so berühmt, ich hätte ihn angesichts des imposanten Doms glatt übersehen. Dom, Turm, Baptisterium und Camposanto, ein rechteckiger Arkadengang mit Grabmalen und Fresken in einem überraschend stillen Innenhof (es kostet Eintritt) sind von einer hohen Mauer umgeben. So abgeschlossen und bewahrt von der veränderlichen Außenwelt führen sie ein Eigenleben. Wie auf einer Insel, wo die Zeit stehengeblieben ist.

Aber nur ein paar Schritte, und der Touristenrummel hat dich wieder: eine Endlosreihe von Ständen mit

T-Shirts, Glastieren, Eiern aus Marmor und Onyx. Wer will, kann hier auch den Schiefen Turm als Lampe oder Vase kaufen. Oder Michelangelos David als Gipszwerg. Aber von solcher Häßlichkeit, daß man nicht weiß, soll das eine Nachbildung oder eine Parodie sein. So eine Art Kreuzung aus Donald Duck und Playboy.

In Florenz hab' ich Dresdner Architektur neu begriffen. Daß die Baumeister hier studiert und sich Vorbilder gesucht haben, ist unverkennbar. Alles scheint hier aber noch leichter, eleganter, beschwingter. Vielleicht liegt das auch an der umgebenden Landschaft. Für die Toscana gibt es kein treffenderes Wort als lieblich.

Und dann steht man plötzlich vor den vielen bekannten Plastiken. Manchmal kommt einem das ganz normal vor, manchmal möchte man Selbstgespräche führen: »Siehst du, jetzt kannst du sie sogar anfassen.« Manchmal ist man aber auch enttäuscht. Von der Sixtinischen Kapelle im Vatikan zum Beispiel hatte ich schon so viele Reproduktionen gesehen, so viele markante Ausschnitte. Bis zu den berühmten Fingerspitzen von Gottvater und Adam. Und alles hervorragend ausgeleuchtet fotografiert. Wenn du dann da stehst, inmitten einer schwätzenden Menge, bei gedämpftem Licht dir den Kopf verrenkst, all die Bilder zu suchen, die du eigentlich ganz anders verinnerlicht hast, dazwischen das Aufsichtspersonal »Ruhe!« ruft, damit der sakrale Geist, der in dieser Atmosphäre so oder so vertrieben wird, gewahrt bleibe, wenn du dir dann beständig wiederholst: »Das ist es nun«, dann willst du dir eigentlich bloß nicht eingestehen, daß du anderes erwartet hast.

Wenn Kirchen Museen werden, entweicht ein guter Teil Leben aus ihnen. Im Dom von Pisa hatte ich mir eine Messe angehört. Auch ohne ein Wort Italienisch zu verstehen, nimmt man da die Ganzheit von Augenblick, Kunstwerken und Raum viel intensiver auf.

In italienische Kirchen darf man übrigens nicht mit ärmellosem Kleid, mit Mini-Rock oder kurzen Hosen. Im Petersdom gab es eigens dafür einen Wächter, der die hereinströmende Menge kritisch musterte, und wer nicht ordentlich angezogen war, wurde aussortiert. An italienischen Stränden dagegen dürfen die Frauen sogar oben ohne gehen. Aber das machen natürlich nur die sehr schlanken.

Im Petersdom hab' ich lange gesessen und den Leuten zugeschaut. Ein kleiner, alter, wie ein Inder aussehender Mann setzte sich sofort vor den Altar und fing mit geschlossenen Augen und geöffneten Händen an zu beten. Ein Ehepaar, sie im Dirndl, stellte sich währenddessen zum Fotografieren auf. An den Beichtstühlen ringsum sind Schilder angebracht, in welcher Sprache man hier reden kann: Englisch, Russisch, Spanisch usw. Wenn jemand drinsitzt, der zuhört, leuchtet ein kleines rotes Lämpchen oben auf, wie bei einer Kamera in Betrieb. Die Möglichkeit, hier zu beichten, wurde von vielen wahrgenommen. Seltsamerweise aber nur von Frauen. Einen einzigen Mann hab' ich reingehen sehen. Entweder sind die Frauen sündiger und haben folglich mehr zu beichten, oder die Männer machen ihre Sünden lieber mit dem lieben Gott allein aus.

Eigentlich wollten wir noch bis Neapel und zum Vesuv. Als wir am zweiten Tag in Rom aber am

Abend zu unserem mitten im Zentrum und nur 100 Meter neben dem Verkehrsposten abgestellten Auto zurückkamen, war hinten eine Scheibe eingeschlagen und die Tür offen. Der Einbrecher muß ein Mann gewesen sein, vielleicht einer mit schütterem Haar, denn er hat Hartmuts Haarwasser mitgenommen, mein französisches Parfüm dagegen stehenlassen. Der Verlust hielt sich in Grenzen, da er nicht an den Kofferraum rangekommen war. Außer 100 DM Bargeld und einer Sonnenbrille wird er nicht viel Freude an seiner Beute gehabt haben. Was er noch mitgenommen hat, war ein kaputter Recorder, dazu eine Kassette: »Wie lerne ich Italienisch?« Und noch viel mehr wird er sich geärgert haben, wenn er mein Portemonnaie geöffnet hat, denn da war der Zweitschlüssel für das Auto drin. Hätte er eher nachgeschaut, hätte er es gleich komplett mitnehmen können. Weg war leider aber auch die Scheckkarte, ohne die wir keine Lire mehr kriegten, so daß wir mit dem, was wir noch hatten, auskommen mußten.

Für die Kinder war der Einbruch und der nachfolgende Gang zur Polizei ein Erlebnis. Endlich passierte mal was. Dauernd nur Kirchen und Galerien! Natürlich haben wir ihnen zuviel zugemutet. Es ist schwer vorstellbar, wie ein Kind das alles verarbeitet. Es muß sie aber doch beschäftigt haben. Denn in der Nacht nach dem Rundgang durch den Vatikan ist Stephan mitten im Schlaf hochgefahren und hat laut gesagt: »Das müßtest du mal fotografieren, wie der Papst hier die Teller wäscht!« Da mach dir mal einen Reim drauf, was in seinem Unterbewußtsein rumort.

Wir haben ausschließlich auf Campingplätzen geschlafen, manchmal auch im Auto, während Hartmut, bis er müde wurde, gefahren ist. Früh wachst du dann mit verdrehtem Hals und Rücken auf. Sehr gemütlich ist das nicht. Aber die Nacht auf dem Zeltplatz kostet in Italien zwischen 25 und 30 DM (!). Dafür kriegst Du in der DDR freilich schon ein ordentliches Hotelzimmer, wenn Du eins kriegst.

Von Rom aus sind wir also wieder rückwärts zigeunert, haben angehalten, wo es uns gefallen hat bzw. der Reiseführer es empfahl. Denn den hatten wir natürlich auch mit. Und das braucht man auch zur Orientierung. Sonst rennt man unter Umständen an den besten Sachen vorbei, ohne zu ahnen, wie dicht man dran war. Manches haben wir direkt gesucht, bei anderem haben wir uns einfach vom Zufall treiben lassen. Als Gegenstück zum nüchternen Reiseführer hab' ich mir noch Hermann Hesses »Italien« eingepackt. Für die Seele. Die Kombination war nahezu ideal. Zutiefst nachempfunden habe ich seine Traurigkeit, wenn man Italien wieder verlassen muß und in das ordentliche, fleißige, fein durchorganisierte Deutschland zurückkehrt. Da stören einen sogar die weiß geputzten Fassaden und auf Hochglanz polierten Fenster. In Italien sehen alle Häuser verschlafen aus. Ich hab' erst gar nicht gewußt, wieso. Aber das kommt, weil es tagsüber so heiß ist, daß alle die Läden und Jalousien verschlossen halten. Nur manchmal ist eine halb aufgezogen, so wie ein müde blinzelndes Auge. Hier wird auch nicht dauernd gestrichen, abgerissen, erneuert. Bröckelnder Putz und alte, in sich zusammensinkende Häuser gehören genauso zu Italien wie die üppige Vegetation, die von Blüten überquellenden Geranientöpfe auf jedem Balkon, jedem Hof. Dieses voll melancholischer Harmo-

nie verwobene Zusammenwachsen von Leben und Sterben gibt es in Deutschland nicht. Italiens Häuser altern in Würde und sind auch mit blätternden Fassaden schön und erhaben.
In der DDR sind alte Häuser in der Regel vergammelt, sofern nicht der Denkmalschutz Wiederbelebung befiehlt. Und in der Bundesrepublik sind sie prachtvoll aufgemotzt und neu poliert, sehen so taufrisch aus, als hätte gerade ein Architekt den Fachwerkbau erfunden.
In Florenz hing in einer Bank ein Plakat von Umweltschützern. Darauf wurde vorgeschlagen und war per Fotomontage auch schon vollzogen: in Pisa um den Schiefen Turm herum einen Parkplatz anzulegen, damit die Touristen nicht mehr so weit laufen müssen, Florenz in einem See zu versenken, damit man endlich auch im Binnenland surfen kann, immer um die noch aus dem Wasser aufragende Domspitze herum, in Rom ein paar antike Gebäude mit dem Bulldozer umzuschubsen, damit die Hobby-Archäologen wieder ordentlich fündig werden; und in Venedig löste man das leidige Verkehrs- und Wasserproblem, indem man die Kanäle zu mehrspurigen Straßen ausbaute!
Venedig – obwohl es sich aus unserer Route ergab, war es sicher kein Zufall, daß wir uns die Stadt bis zum Schluß aufhoben. Hier war gleichsam als Zusammenfassung, alles noch mal verdichtet, was Italien ausmacht. Und war doch eine Stadt ganz weit weg wie aus einem Traum, imaginärer Schnittpunkt von Abendland und Morgenland.
Wir haben gegenüber der Lagune gezeltet und sind dann jeden Tag mit dem Schiff rübergefahren, direkt

zum Markusplatz. Das ist natürlich viel schöner als eine Anreise mit dem Auto, ermüdende hektische Parkplatzsuche und Trotten auf Touristenstraßen. Ist Italien ein Touristenland, so scheinen in Venedig noch mal alle zusammenzukommen. Man hat sich darauf eingerichtet, findet 1000 Möglichkeiten, daran zu verdienen. Auf dem Markusplatz sind die Tauben so zahm, daß sie aus der Hand fressen oder sich zur Fütterung auch auf Touristenköpfe setzen. Das macht Spaß und fotografiert sich gut. Und so steht gleich einer bereit und verkauft kleine Tüten mit Vogelfutter, 500 Lire (75 Pfennige) das Stück. Klar gibt es von uns auch Taubenfotos.
Venedig ist wirklich so, wie es in den Bildbänden aussieht. Mit Wäscheleinen zwischen den hohen schmalen Häusern, mit Wasser schon in den Fluren der langsam absinkenden Paläste, mit den dicken amerikanischen Touristen in den langen schwarzen Gondeln (eine Fahrt, eine Stunde 100 Mark, nichts für uns), mit bunt illuminierten Restaurants am Kanal, mit Glasbläsern, denen du bei der Arbeit zuschauen kannst. Über einer kleinen Flamme knoten sie aus Glasstäben Vögel und Elefanten und, um besonders witzige Touristen zu erfreuen, auch Figürchen mit Riesenpenis und Brüsten bis zum Knie. Auch das gehört zu Italiens Kunst.
Irgendwann kommt aber der Punkt, wo du von der Fülle übersättigt und kaum noch aufnahmebereit bist. Man muß dann schon ernsthaft überlegen: Gehörte jenes Bild in die Pinakothek des Vatikans oder in eine Kirche in Venedig? Man nimmt sich vor, hier mußt du unbedingt noch mal her, später, für ein paar Tage, vielleicht ohne die Kinder, mit mehr Zeit und Ruhe.

Im Grunde haben wir Italien ja in drei Wochen Eiltempo durchjagt, so, als müßten wir all das nachholen, was wir bisher versäumt haben. Das Nicht-reisen-Dürfen verfolgt uns noch als Trauma, während für die Kinder eigentlich alles schon selbstverständlich ist. Sie werden Westkinder, während wir eine halbierte Generation sind.
Die letzte Woche Urlaub haben wir in Ungarn, am Balaton zugebracht, mit alten Freunden aus Dresden. Das war so das Richtige zum Ausruhen nach all den Strapazen, wenngleich nicht ganz unproblematisch. Denn ob man es will oder nicht, man entfernt sich doch voneinander.
Auch wenn es Dich nicht unbedingt fröhlicher macht, es vielleicht sogar peinlich ist, so was zu schreiben, aber ich habe in Italien oft an Dich denken müssen, daß Dir das alles vorenthalten bleibt. Mein Gott, warum bloß? In der DDR bräche doch keine Revolution aus, wenn man ihre Einwohner Rom und Venedig anschauen ließe. Soll ich Dir wünschen, daß mal ein Dresdner Maler da ausstellt und Du dann darüber berichten darfst? Ich weiß nicht.
Ich wünsch Dir, daß Du weiterhin heiter und gelassen bleibst, trotz allem.

Hallo Susanne,
wir sind wieder da, zurückgekehrt aus der großen weiten Welt, ausgeraubt, aber begeistert. In Rom haben böse Diebe unser Auto geknackt. Bis dahin sind wir im gemütlichen Dauerlauf Italien rauf und runter gefahren. Wie das ist, habt Ihr ja in Griechenland ausprobiert. Und da Ihr Italien sicher als nächstes selbst anschaut, spare ich mir langwierige Beschreibungen. Wir haben ja bisher überhaupt keine Ahnung gehabt, wie bunt und groß die Welt eigentlich ist. Und immer mehr denkt man an die Leute in Dresden nur noch mit Bedauern. Die Ärmsten, sie werden es nie erfahren.
Der Umgang miteinander wird indes zunehmend schwieriger. Unserem Run durch Italien hatten wir eine Woche Plattensee angeschlossen und waren dort mit Martina und Dieter zusammen. Beides ganz liebe Menschen, und wir waren in Dresden eng befreundet. Große Freude, sich nach anderthalb Jahren wiederzusehen. Aber obwohl man den anderen unverändert mag, prallen plötzlich Kontraste aufeinander.
Wir kamen frisch und voller Eindrücke aus Italien und erzählten begeistert von Rom, Florenz und Venedig. Sie kamen von einem Zeltplatz in Mecklenburg. Und Du weißt ja, wie das ist: Die Umgebung ist schön,

aber die Toiletten sind dreckig, die Gaststätten überfüllt, nach Bockwurst mußt Du Schlange stehen, im Sommer werden Bier und Limonade in den Kaufhallen knapp . . . Alles Dinge, die für uns schon vergessen sind.
Aber du erzählst deine Erlebnisse nach einer Weile viel gedämpfter, denn dir wird die Taktlosigkeit deiner Euphorie bewußt. Von Dingen zu schwärmen, die für den anderen unerreichbar sind, wirkt verletzend. Schließlich weiß ich noch sehr genau, wie das ist, wenn dir ein Westdeutscher erzählt, daß die Italiener in Rom wie die Verrückten Auto fahren, ohne Spuren, von ganz rechts nach ganz links wechselnd, mit lautem Gehupe. Und dazu sagt man dann: »Hm, ja, ich hab' da mal einen Film gesehen, da war das auch so.«
Ich käme nie auf die Idee, einen anderen überreden zu wollen, die DDR zu verlassen. So etwas ist eine zutiefst persönliche und außerdem ja auch risikovolle Entscheidung, daß man da niemanden beeinflussen sollte. Aber es ist oft schwer, die Würde des anderen zu wahren. Was wir hinter uns gelassen haben, worüber wir nur noch den Kopf schütteln oder lachen, das ist für die anderen ja die Realität, in der sie leben und mit der sie sich folglich arrangieren müssen. Und solange du mittendrin steckst, ist das alles andere als lustig. Ja, man nimmt sogar vieles ernst, was eigentlich Humbug ist, einfach, weil man keine Alternativen kennt.
Andererseits können wir auch nur wenig von unserem neuen Leben, unseren Erfahrungen hier im Westen vermitteln. Die anderen hören interessiert zu, aber begreifen können sie es wohl kaum. Auch daß

wir beim Einkaufen Preise vergleichen, während uns doch (aus DDR-Sicht) alle Attribute von Wohlstand umgeben. Natürlich angesichts von Dieters klapprigem Moskvich erscheint unser 3000-Mark-Golf wie ein Luxus-Schlitten. Daß wir eine große Wohnung haben, daß wir uns ein paar neue Sachen zum Anziehen gekauft haben, ein paar Levis, einen Bikini, T-Shirts, daß wir nach Italien in Urlaub fahren, scheint Beweis genug, daß wir jetzt reiche Leute sind. Noch schwieriger ist es, von unserer Arbeit erzählen zu wollen. Dinge, die die anderen bestenfalls aus der Literatur kennen, sind für uns alltäglich geworden. Dazu die berufliche Einordnung, die alleinigen Kriterien von Leistungsvermögen und Marktsituation, und daß keinen interessiert, für welche Vereine oder Parteien du bist – all das war für die beiden nur schwer vorstellbar. Es ist traurig zu sehen, wie Gemeinsamkeiten schwinden, ohne daß man etwas dagegen tun kann. Man hat keine gemeinsamen Ziele, Hoffnungen und auch keinen gemeinsam geteilten Ärger mehr. Viele ihrer Träume leben wir bereits, ohne daß es uns jetzt noch traumhaft scheint. Vieles, was für sie wesentlich ist oder wofür sie große Teile ihrer Kraft verbrauchen – ich würde inzwischen sagen: vergeuden –, spielt für uns überhaupt keine Rolle mehr. Daß man eine Badewanne gegen Kacheln eingetauscht hat oder daß jetzt der Chef, so wie alle anderen auch, sein Zimmer selbst fegt, weil das das Kollektiv festigt, daß in sechs Monaten die zehn Jahre Wartezeit um sind und man da vielleicht das neue Auto kriegt, daß einem bei der letzten Plandiskussion wieder die Haare zu Berge stehen konnten, von den Parteiversammlungen ganz zu schweigen (die sind

sowieso nur noch berichtsbeflissene Selbstbefriedigung von zwei, drei Leuten), daß die Kinder jetzt in der Schule ein Gedicht gelernt haben, in dem sich Sowjetunion auf Heldentum reimt . . .
Mein Gott, was willst du dazu sagen! Du hörst stumm zu und nickst betreten. Und mußt dir ab und zu den Vorwurf gefallen lassen: »Mensch, das mußt du doch noch wissen.« Es ist unglaublich, wieviel man vergißt, vielleicht auch verdrängt oder eben als Vergangenheit ablegt. Auch wenn es erst knapp zwei Jahre her ist, läuft das unter einer Art Erinnerung, die der an die Kindheit verwandt ist. Unendlich fern und für immer verschlossen. Darin verklärt sich manches, verkehren sich Wichtiges und Unwichtiges nach ganz persönlichem Muster. Unser Haus und unseren Garten möchte ich wiedersehen, die Kastanie, wie sie im Frühjahr blüht und wie sich im Herbst ihre großen Blätter verfärben, wie es diesem oder jenem geht, möchte ich wissen, wer geheiratet oder sich geschieden hat, wer gestorben ist oder Zwillinge kriegt. Eigentlich alles das, was früher Klatsch und Tratsch war.
Ich glaub', die Zeit ist nicht mehr fern, wo man auf solche Wiedersehen besser verzichtet. Froher werden beide Seiten nicht davon. Und da es keine gemeinsame Zukunft mehr gibt, sollte man den Blick auf eine gute Vergangenheit nicht durch eine verkrampfte Gegenwart verstellen.

Was in diesen Zusammenhang paßt: Als wir aus dem Urlaub zurückkamen, war ein Paket von Herbert da. Eine Schallplatte mit vertonten Texten von ihm. Darauf hat er geschrieben: »Zur Erinnerung an die Zeiten,

da uns noch gleicher Sinn und gleicher Mut vereinte.«
Auf der Plattenhülle stand ein Einführungstext, aus dem mir eine Passage sehr bekannt vorkam. Es war ein ausführliches Zitat aus einem Porträt, das ich vor langer Zeit über ihn geschrieben hatte. Die Quellenangabe dazu hieß: »Eine Redakteurin schrieb einmal über ihn.« – Wer die DDR verläßt, wird zur Un-Person gemacht. Nicht mal der Name darf erwähnt werden. Ausgelöscht wie bei Orwell. Natürlich weiß ich, daß das nicht an Herbert liegt, sondern eben Landessitte ist. So gesehen ist, daß er mir die Platte geschickt hat, fast schon eine Heldentat.
Vielleicht wird eine Wiederbegegnung leichter, wenn der Abstand größer geworden ist. Man weiß dann um die verlorengegangene Nähe und setzt Erwartungen anders.
Das Umfeld in Ungarn war zudem wenig geeignet, einen DDR-Bürger in Stimmung zu versetzen. Durch den freigegebenen Wechselkurs ist das Verhältnis Ost- zu Westmark 1:3. Wenn du dann noch die hier doppelt und dreimal so hohen Gehälter dazu nimmst, kommt 1:6 raus. Während wir überall gejubelt haben, wie herrlich billig das ist, mußten Dieter und Martina bei jedem ausgegebenen Forint überlegen, ob es noch reicht. Die Leute aus der DDR dürfen nur beschränkt umtauschen und kommen folglich mit einer Ladung Knäckebrot und Dauerwurst im Auto angereist. Du findest in Ungarn die wunderliche Kombination, daß dort aus der DDR die reichen Leute hinfahren und aus dem Westen die nichtreichen. Die nehmen aber um so mehr die Gelegenheit wahr, kräftig auf den Putz zu hauen. Und wenn du siehst, wie jeder, der Westmark in der Tasche hat, hofiert

wird, während sich um die Ostdeutschen keiner kümmert, hast du wieder die ganze Verlogenheit sozialistischer Moral vor Augen. Wo die D-Mark dazwischenrollt, kennen die Bruderstaaten einander nicht mehr. Es ist natürlich bitter für die Menschen aus der DDR, daß sie in den wenigen Ländern, wohin sie noch reisen dürfen, diffamiert und als Touristen zweiter Klasse behandelt werden. So was entkrampft die Situation nicht gerade.
Es ist, als gehörte man jetzt verschiedenen Generationen an. Wir sind nun endlich in das Erwachsensein entlassen, während die anderen drüben vom Vater Staat immer noch wie Kinder gehalten werden. Mit Reglementierungen, Vorschriften, geforderten Huldigungen, erwarteter Dankbarkeit für so viel Für- und Vorsorge, Schelte für Neugier und unverlangte Aktivitäten. Schon durch simple Fragen danach, was die Westfrau eigentlich trägt, liest oder für Verhütungsmittel nimmt, wirst du in die Pose der erfahrenen Tante gedrängt.
Ich bin unsagbar froh, daß Ihr zur gleichen Zeit hier angekommen seid, daß wenigstens einer in die neue Generation mit hinübergerettet ist. Wenigstens einer, mit dem man sich darüber austauschen kann, und der das alles versteht!
Wir hätten uns sehr verändert, wurde schließlich festgestellt. Unser Habitus, unser Auftreten, unsere Ansprüche seien anders geworden, sicherer und bestimmter, gelassener und souveräner, eben an anderen Normen orientiert. Mir dagegen ist aufgefallen, aber das habe ich nicht ausgesprochen, wie unschlüssig, scheu, ja geradezu ängstlich sich Martina und Dieter in Ungarn bewegten. Eine Katastrophe,

als Stephan ein paar Häuser weiter ein Mädchen aus Dresden aufgegabelt hatte und dann stolz erzählte, dort auch mal früher gewohnt zu haben. Aber jetzt sei er im Westen, und wir träfen uns hier nur mit Freunden von früher. Dieter überlegte sofort, was das wohl für Folgen haben könnte, wenn jemand in seinem Betrieb erfahren würde, daß wir hier zusammen waren. Schließlich könne man anhand einer Autonummer ganz leicht eine Identität feststellen. Und unsere beiden Autos standen ja im Hof so einträchtig und offensichtlich nebeneinander. Gleich kriegst du auch ein schlechtes Gewissen und fängst an zu hoffen, es möge keinen Ärger geben. Eine gemeinsame Basis wächst aus so was natürlich nicht.

Die Weggabelung auf der Rückfahrt war wie ein Symbol: Martina und Dieter fuhren gradaus nach Bratislava, wir bogen ab in Richtung Wien. Jeder zu seinem Schlagbaum.

Ich bin gespannt, wie im Herbst Deine Reise zum 70. Geburtstag Deiner Mutter ausgeht. Es ist schon ein seltsamer Zwiespalt: Einerseits zieht es uns nach drüben, zum andern sind wir froh, nichts mehr damit zu tun zu haben. Wenn Du sie siehst, grüß sie von mir.